Organización Y Minimalismo

Adiós A Las Cosas, Hola Libertad

Descubra Métodos De Vanguardia Para Despejar Su Mente Y Vivir Una Vida Más Plena Con Menos
(Guía Para Principiantes)

Copyright 2019 - Todos los derechos reservados.

El siguiente libro se reproduce a continuación con el objetivo de proporcionar información lo más precisa y fiable posible. Independientemente de ello, la compra de este libro puede considerarse como un consentimiento al hecho de que tanto el editor como el autor de este libro no son de ninguna manera expertos en los temas tratados en él y que cualquier recomendación o sugerencia que se haga en el presente documento es solo para fines de entretenimiento. Los profesionales deben ser consultados cuando sea necesario antes de emprender cualquiera de las acciones aquí aprobadas.

Esta declaración es considerada justa y válida tanto por la Asociación Americana de Abogados como por el Comité de la Asociación de Editores y es legalmente vinculante en todos los Estados Unidos.

Además, la transmisión, duplicación o reproducción de cualquiera de los siguientes trabajos, incluyendo información específica, se considerará un acto ilegal, independientemente de si se realiza por vía electrónica o impresa. Esto se extiende a la creación de una copia secundaria o terciaria de la obra o de una copia grabada y solo se permite con el consentimiento expreso por escrito del Editor. Todos los derechos adicionales reservados.

La información de las páginas siguientes se considera en general como un relato veraz y preciso de los hechos y, como tal, cualquier falta de atención, uso o uso indebido de la información en cuestión por parte del lector hará que las acciones resultantes queden exclusivamente bajo su responsabilidad. No hay escenarios en los que el editor o el autor original de este trabajo pueda ser considerado de alguna manera responsable por cualquier dificultad o daño que les pueda ocurrir después de haber realizado la información aquí descrita.

Además, la información de las páginas siguientes está destinada únicamente a fines informativos y, por lo tanto, debe considerarse como universal. Como corresponde a su naturaleza, se presenta sin garantía de su validez prolongada o de su calidad provisional. Las marcas registradas que se mencionan se hacen sin consentimiento por escrito y de ninguna manera pueden ser consideradas como un endoso del titular de la marca registrada.

Tabla de Contenidos

INTRODUCCIÓN **6**
CAPÍTULO UNO - ENTENDER EL MINIMALISMO **10**
   ¿Qué es el minimalismo?.. 10
   Minimalismo vs. Cultura de consumo 11
   8 beneficios del minimalismo para proteger la vida 12
   La Relación entre Minimalismo y Desorden 15
   Las señales de advertencia señalan que el desorden que no se puede ignorar 16
CAPÍTULO DOS – ESTABLECER LAS BASES PARA SU MEJOR VERSIÓN MINIMALISTA **19**
   Principios poderosos para ayudarlo a ver el mundo como un verdadero minimalista... 19
   Hábitos minimalistas cotidianos para llegar a la zona 28
CAPÍTULO TRES – ORGANICE SU HOGAR 101 .... **35**
   Organice poco a poco: ¿Cómo empiezo? 35
   Consejos para mantener un hogar ordenado permanentemente.. 36
   Preguntas que debe hacerse antes de comprar cualquier cosa 48
   La estrategia de la lista de deseos de 30 días 49
CAPÍTULO CUATRO - LIBÉRESE DEL DESORDEN EMOCIONAL Y MENTAL **51**
   Factores que facilitan el desorden mental.................................. 54
   Prácticas que debe conocer para ayudarle a lidiar con el desorden mental 55
   Cómo identificar sus valores fundamentales 62
   Todo lo que necesita saber acerca de cómo declarar sus relaciones 64
CAPÍTULO CINCO - LOS SECRETOS DEL MINIMALISMO FINANCIERO **74**
   Cómo el minimalismo puede ayudarle financieramente............ 74

Consejos minimalistas para ayudarle a lograr la libertad financiera 76
CAPÍTULO SEIS – ORGANIZACIÓN AVANZADA EN SU HOGAR.. 80
Una guía de limpieza de habitación por habitación.................... 80
Consejos para deshacerse del desorden sentimental 83
La mejor manera de decorar y diseñar un hogar minimalista 84
CAPÍTULO SIETE – DESORDEN DIGITAL 87
Los principios del minimalismo digital.. 88
Consejos importantes para vencer el desorden digital 89
CAPITULO OCHO - PERFECCIONANDO LA EXPERIENCIA DEL MINIMALISMO...................................... 93
Por qué necesitamos más experiencias que cosas materiales...... 94
Experiencias que son mejores que cualquier objeto material que pueda comprar 96
CONCLUSIÓN.. 103

INTRODUCCIÓN

Puede suceder en un abrir y cerrar de ojos: un día te despiertas y descubres que tu vida está atascada. Te das cuenta de que no necesitas la mayoría de las cosas que tienes actualmente. Descubres que te has metido en el agujero negro del desorden y que, si no tienes cuidado, podrías deslizarte aún más profundo y perder la verdadera esencia de tu vida. Las posesiones alrededor de su hogar podrían caer en cualquiera de estas categorías: cosas compradas, cosas heredadas y regalos recibidos. En un momento u otro de tu vida, todas estas cosas sirvieron para un propósito en particular. Eras feliz con ellos, hasta que te diste cuenta de que ya no los necesitabas. Estos artículos fueron lanzados en un espacio de su hogar y comenzaron a ocuparlo permanentemente. Con el tiempo, las cosas se han acumulado y ahora has perdido el control. Es como si fueras el protagonista de una película de terror y todos estos objetos han invadido tu hogar con el único objetivo de atormentarte.

Usted ha elegido el libro correcto. Se lo puedo asegurar. En estos capítulos, expondré formas menos conocidas de reclamar tu vida, tu mente y tus finanzas. Una cosa es notar la presencia de desorden en tu vida, pero otra cosa es saber cómo deshacerse de él. La gente tiende a ignorar el desorden en sus vidas, no porque se sientan cómodos con él, sino porque no saben cómo aliviarlo. Esto puede ser lo más frustrante de todo. De hecho, es mejor no descubrir la presencia de desorden que descubrirlo y no saber qué hacer al respecto. La verdad es que el desorden puede fácilmente llegar a ser tan grande y elevado que no puedes evitar notarlo. Estos monstruos de desorden son la razón por la que me embarqué en este viaje Con mi gran conocimiento en tu arsenal, usted vencerá el desorden en poco tiempo.

Me gusta referirme a mí mismo como un "Agente Organizador". Puede sonar extraño (puede que te preguntes: "¿Es eso realmente una cosa? ¿La gente estudia eso en la escuela?") pero existimos, créeme. La gente de hoy en día finalmente está dispuesta a dejar ir la basura acumulada en sus sótanos y áticos, y los expertos como yo les ayudamos a lograr este objetivo. Desde la temprana edad de siete años, empecé lo que cariñosamente llamo "Un experimento sobre el desorden". Es un trabajo en progreso, pero he descubierto información valiosa sobre cómo matar de hambre el desorden de su fuerza vital y obstaculizar su crecimiento. ¡Hay un antídoto para la mordedura de este monstruo!

El antídoto es este: minimalismo y decadencia. Los dos van de la mano y las maravillas que hacen en su hogar y en su vida son sorprendentemente transformadoras.

En la mente ignorante, la palabra "minimalismo" puede a veces evocar visiones de pobreza, frugalidad extrema o incluso mezquindad. Esta visión es completamente inexacta. El minimalismo te pone en control de tu vida. ¿Sabes cómo dicen, "menos es más"? El minimalismo y su enfoque de la decadencia le ayudará a recuperar todos los espacios personales que han sido consumidos por la basura. Su hogar finalmente se convertirá en un lugar donde puede vivir libremente, sin obstáculos, y la vida será más placentera y satisfactoria, en general. ¡Es posible lograr esto!

El estudio del minimalismo y la decadencia es algo a lo que he dedicado gran parte de mi vida y mi carrera. Y muchos de mis clientes anteriores alaban los resultados positivos que han visto después de emplear los métodos enseñados en mis seminarios y *webinars*. Muchos de mis clientes han superado la depresión y la ansiedad, y la mayoría han aprendido a recuperar el control sobre sus caóticas vidas. Estos brillantes testimonios me han obligado a compilar un archivo actualizado y muy completo de mis métodos. Estas son las mismas herramientas y técnicas que enseño a mis clientes. La gente que se adhiere a mis instrucciones rara vez se encuentra cara a cara con el desorden de nuevo. Todo lo que necesitas es la dosis correcta de autodisciplina y estás listo para empezar.

El enfoque que aporto al tema de la decadencia y el minimalismo es simple y directo. Entiendo que algunos de mis lectores serán estudiantes por primera vez del tema, así que será mejor si se diluye para su fácil comprensión. El acto de organizar puede ser confundido con una secuencia de acciones que involucran el proceso de organizar o poner las cosas en su lugar, pero les digo que hay más que eso. El éxito final del proceso depende de la mentalidad y de la determinación de mantener la coherencia. No solo te enseñaré cómo ordenar tu hogar, también te mostraré cómo ordenar tu vida, tu mente y tus pensamientos. Es un proceso completo, y si se ignora una faceta, es posible que nunca se logre el éxito.

Piensa en el desorden de tu vida como un monstruo cada vez mayor. No hay forma de detener su crecimiento. A medida que pasa el tiempo, usted adquirirá más artículos para el hogar, utensilios de cocina, juguetes para niños y ropa. Todas estas cosas se acumulan y se amontonan en las esquinas de la hogar. Todo esto puede no parecer peligroso en el sentido real de peligro, pero el desorden es un veneno para la vida, un virus que ralentiza el sistema operativo de su vida. Comprenda que su hogar, mente, negocio y familia están en juego debido a la presencia de desorden.

Un proverbio chino dice que la mejor época para plantar un árbol es hace veinte años. El segundo mejor momento es ahora. ¡La solución no es solo tomar medidas, sino tomar las medidas necesarias AHORA! No importa cuán conmovido esté por los puntos detallados en este libro, nunca logrará un éxito minimalista tangible hasta que comience a aplicar los métodos enumerados. Sentirás un empujón mientras lees este libro; no te contengas. Dibuje un pequeño horario para ti y sígalo. Haz un esfuerzo consciente para despejar tu vida. Recuerde, solo usted puede ayudarlo.

CAPÍTULO UNO - ENTENDER EL MINIMALISMO

¿Qué es el minimalismo?

El término "minimalismo" se originó a partir de una forma extrema de arte abstracto que se desarrolló por primera vez en los Estados Unidos a principios de la década de 1960. Esta forma de arte representaba imágenes que fueron despojadas hasta lo más ínfimo para que pudieran ser entendidas más fácilmente mientras se transmitía el mensaje que se pretendía transmitir. Las cualidades del arte minimalista eran que tenían una forma de belleza purificada para cualquier espectador dispuesto a mirar más allá de su naturaleza despojada. En esencia, el mensaje básico que los artistas minimalistas querían enviar era que siempre hay más en menos. Y por más contraintuitivo que eso sonara, la forma de arte sobresalió y se hizo popular con el tiempo. Para ayudarlo a comprender su popularidad, la simple escultura de bronce a escala humana de Alberto Giacometti de un hombre señalador se vendió por la friolera de $ 141.3 millones en mayo de 2015.

La verdad es que el concepto de minimalismo ha sido popular durante siglos, aunque muchas personas han asumido erróneamente que es un fenómeno moderno. El minimalismo siempre se ha relacionado con conceptos de arte y diseño puros e intencionales. Pero también es mucho más que eso. El minimalismo se trata de identificar los conceptos básicos, las necesidades y apegarse a ellos mientras se elimina todo exceso.

Nuestras vidas en este mundo moderno están lejos de ser minimalistas. Nuestra sociedad se alimenta constantemente de la noción de que cuanto más tienes, más eres. Cada día nos llenan de más anuncios y promociones que nos instan a conseguir este último reloj de diseño o esos zapatos nuevos de moda. Es un ciclo que nunca parece terminar. Muchos de nosotros pasamos tiempo persiguiendo estas cosas, cegados y convencidos de que nos darán la felicidad que necesitamos. Yo he estado allí y puedo decirles que estos nuevos objetos brillantes no les dan la felicidad que prometen.

He aquí mi propia y simple definición de minimalismo,

El minimalismo es una forma de vida intencional que le permite reevaluar sus prioridades y reconsiderar lo que realmente le da valor a su vida. El minimalismo te quita las distracciones y te permite reconectarte con lo que te da libertad.

A medida que siga leyendo, es posible que desee modificar esta definición para encapsular mejor su experiencia. Los deseos y necesidades varían de una persona a otra. Es probable que el minimalismo satisfaga sus necesidades de una manera diferente.

Minimalismo vs. Cultura de consumo

No hay manera de endulzarlo: vivimos en una cultura odiosamente consumista. La presión para consumir es tan fuerte que dondequiera que mires hay una nueva valla publicitaria que te pone un producto atractivo en la cara. Simplemente caminar afuera puede incitar una batalla de la mente y los impulsos.

Ser influenciado por la cultura es normal, pero algunos aspectos de esta cultura pueden ser bastante dañinos si no se tiene cuidado. El consumismo y el minimalismo son dos fuerzas opuestas en la actualidad, y el vencedor final depende totalmente de ti. Cada día, estas grandes compañías desembolsan millones de dólares en busca de su atención. Las personas influyentes en los medios de comunicación social que actúan como sus secuaces también tienen la intención de hacer que usted consuma más. El mensaje dominante que se envía con estos anuncios es: "Tienes que comprar este producto. Las personas ricas y atractivas de todo el mundo utilizan este producto, ¿y no quieres ser como ellos?"

Los anuncios se elaboran diariamente con este mensaje en mente. Pero pregúntate: "¿Necesitaba esto antes de ver el anuncio? ¿O solo lo necesito ahora que sé que existe? ¿Esta necesidad es real o es una compañía que trata de hacerme sentir así?" Estos son los fundamentos del minimalismo. Empieza con la mente. Comienza hablando y advirtiéndose a sí mismo. Nadie dice que no debería ser influenciado por los anuncios de YouTube o Facebook, sino que aprenda a investigar la intención de los vendedores. ¿Qué es lo que realmente quieren de ti? ¿Este producto le ofrecerá valor a usted o es que una compañía solo quiere su dinero?

8 beneficios del minimalismo para proteger la vida

Hay muchos beneficios obvios de la organización, como tener un hogar más organizado, pero los beneficios del minimalismo son mucho más profundos que eso. Estos son algunos de los mayores beneficios del minimalismo:

1. Estabilidad emocional y claridad mental

La conexión entre la mente y el número de posesiones que poseemos es fuerte. Las investigaciones han demostrado que unos pocos minutos al día para limpiar la basura, hacer la cama y lavar la ropa pueden afectar masivamente nuestro estado mental y proporcionar tranquilidad. Cuando no estamos rodeados de desorden, nos relajamos subconscientemente. Cuando no hay un millón de objetos diminutos que nos distraigan, podemos pensar con más claridad y tomar mejores decisiones.

2. Reducción del estrés

Sabiendo que una vez que usted entre a su hogar, encontrará un montón de ropa en el piso de la habitación, platos en el fregadero y libros tirados en la mesa del comedor es suficiente para hacer que mucha gente le tema a la perilla de la puerta. Puede crear un desagüe psicológico y si no se tiene cuidado con él, la depresión incluso puede aparecer. El desorden consume espacio en su hogar y puede crear una sensación de claustrofobia, una sensación de que su propia hogar está siendo tomada. Debes lidiar con el desorden antes de que te expulse de tu propia hogar.

3. **Más espacio para cosas de valor**

Como he ilustrado, menos es más. Cuando purgas tu vida y eliminas las cosas que no son importantes, estás creando más espacio para las cosas de valor. Mientras tu vida esté llena de basura, nunca habrá espacio para lo que realmente necesitas. No solo en términos de espacio físico, sino también en términos financieros. Si usted está gastando todos sus ingresos en ropa nueva, ¿cómo va a permitirse un sofá nuevo y cómodo? Llámame loco, pero creo que es mucho mejor tener tres pares de calcetines de calidad que cien rotos.

4. **Mejores relaciones**

Los principios minimalistas se aplican a todos los aspectos de nuestras vidas, y eso incluye nuestras relaciones personales. Cuando practicamos el minimalismo en un nivel profundo, nos convertimos en un imán para mejores amistades y relaciones. Verás, incluso ciertas personas en nuestras vidas pueden ser consideradas "exceso". ¿Cuántas de sus amistades realmente le dan valor a su vida? ¿Quiénes son tus únicos amigos porque quieres parecer más popular? El minimalismo nos enseña que tener pocas pero estrechas conexiones es mejor que tener muchos conocidos impersonales.

5. **Gestión del tiempo mejorada**

El desorden mata el tiempo. ¿Alguna vez has buscado un montón de llaves en un escritorio desorganizado? Nadie quiere pasar por eso en una mañana ajetreada. El desorden es una bestia que puede devorar tu tiempo. Perdemos mucho tiempo buscando entre basura innecesaria los artículos que realmente necesitamos. ¡Piense en cuánto tiempo ahorraríamos si no tuviéramos que soportar esta confusión!

6. Un planeta más feliz

La tierra está a merced de su minimalismo. Menos desorden en nuestros hogares significa menos desechos en los vertederos y en los océanos. Gran parte de nuestro desorden no puede ser reciclado. Si continuamos comprando desorden, las compañías solo continuarán produciéndolo. Y afrontémoslo, no necesitamos la mayoría de estos objetos brillantes. Si vives una vida minimalista, puedes seguir adelante con la conciencia más clara. Usted puede descansar mejor sabiendo que no está contribuyendo a la creciente acumulación de basura en el mundo.

7. Sentido de propósito

La motivación puede volver a su vida después del proceso de organización. Es casi como si estuvieras comenzando la vida de nuevo, como si hubieras renacido, dándote una segunda oportunidad. Una vez que se ha despejado el camino, la confusión se va y una sensación de claridad se instala. A menudo he escuchado a la gente decir que una vez que pierden la motivación o el interés por una determinada actividad, se detienen por un tiempo y despejan su entorno. No hay nada como la belleza que viene con la creación del espacio. Es una buena manera de recordarte a ti mismo el control que tienes sobre su vida.

8. Libertad Emocional

La libertad emocional viene cuando aprendemos a dejar ir el desorden emocional. Acumulamos desorden emocional cuando nos aferramos a sentimientos como la malicia, los celos, los rencores y el odio. Cuando encuentras la fuerza para saldar cuentas, pagar deudas y dejar atrás los errores, tu mente se alivia. Cuando guardamos rencor o sentimos celos de alguien, esto agota nuestro sistema emocional. Imagina lo que podría haber logrado con esa energía si no la hubiera perdido con tanta negatividad.

La Relación entre Minimalismo y Desorden

Como expliqué en mi introducción, el minimalismo y el desorden son dos cápsulas que se usan juntas para curar la enfermedad del desorden. La gente usa ambas palabras indistintamente pensando que significan lo mismo. Este es un error comprensible. Aunque cubren los mismos conceptos, no son los mismos. Uno sirve de trampolín para lograr el otro.

El desorden es el proceso inicial para las personas que desean recuperar sus vidas y poseer sus espacios. Algunas personas que se entregan al desorden no tienen intención de vivir una vida minimalista. Para ellos se trata solo de decaer hoy en día, esperando a que el desorden se acumule de nuevo, y luego desordenar nuevamente. Para ellos el desorden es una forma de terapia, una forma de limpiar sus vidas de forma temporal. En su conjunto, la decadencia no es un proceso que cambie la vida. Es como cepillarse los dientes todos los días o pasar la aspiradora por la sala de estar todas las mañanas. El resultado del desorden a menudo nunca es permanente. La mayoría de las personas a menudo regresan a la decadencia cada dos meses o año.

El minimalismo y la organización comparten el mismo tema, que es la eliminación y eliminación de excesos en la vida. El desorden consiste en un proceso simple, mientras que el minimalismo es un estilo de vida adoptado. El minimalismo es una mentalidad en la que el practicante se ha comprometido a tener solo cosas de valor e importancia en sus vidas. El minimalismo ayuda a frenar los excesos del consumismo para que no sea necesaria la decadencia. Se trata de vivir y sobrevivir con menos para poder obtener más recompensas intangibles.

Las señales de advertencia señalan que el desorden que no se puede ignorar

El desorden es un monstruo cada vez mayor, pero el único problema con este monstruo es que nunca te das cuenta de su crecimiento hasta el día en que salta del armario y te agarra por el cuello. Como una enfermedad, no todo el mundo lo ve venir. Estudie estas señales y compárelas con lo que está sucediendo en su hogar en este momento.

1. **Usted está abrumado en su propio espacio personal y vida privada**

En mis años de experiencia tratando con el desorden, puedo decir que este es probablemente el signo más peligroso de todos. Se manifiesta en pequeñas formas. Usted se despierta en la mañana y recuerda todas las citas que tiene para el día e instantáneamente comienza a sentirse abrumado incluso antes de levantarse de la cama. La frustración se instala y la esencia y la alegría de la vida se pierde.

Una vez que llegas a hogar, parece que tu propia hogar te ha cerrado con llave, aunque tengas las llaves. Descubres montones de objetos confusos que siguen burlándose de ti. Usted se confunde y ora sinceramente por la mañana siguiente para que pueda huir del desorden en su propia hogar. ¿Adivina qué? El desorden en el hogar es igual al desorden en la mente. Su hogar es suya y solo suya y tiene que lidiar con ella de una forma u otra.

2. **Una mente distraída y desenfocada**

Todos los monstruos son poco atractivos y pueden fácilmente causar distracciones cuando llegan. Nadie puede permanecer tranquilo en presencia de un humanoide del tamaño de un gorila con cuernos y colmillos afilados. Así es con el desorden también; no se puede hacer nada en su presencia porque hace que uno se sienta disperso y desenfocado. Incluso un desorden aparentemente menor, como platos sin lavar, puede crear ansiedad y desviar la atención. El desorden no solo es un obstáculo para la productividad, sino que también puede obstaculizar la relajación.

3. Comprar para impresionar

Si a menudo se siente tentado a comprar determinados artículos porque quiere impresionar a su familia y amigos, incluso cuando realmente no le gustan estos productos y puede que no los necesite, sepa que está viviendo una vida desordenada. Lo más probable es que la mayoría de las otras cosas que usted posee fueron compradas con esta mentalidad y están creando desorden en su hogar. Cada vez que se ve obligado a buscar la validación de una fuente externa que no sea usted, la felicidad que encuentre será superficial y nunca se realizará.

4. Tiene problemas para encontrar cosas

El desorden se traga las cosas. Cuando esto suceda, tendrá que rogarle a este monstruo que le devuelva sus cosas. ¿Alguna vez se ha preguntado por qué no puede encontrar el control remoto de la televisión, o sus calcetines, o incluso un destornillador cuando realmente lo necesita? La respuesta es simple: desorden. Estas cosas han perdido sus lugares legítimos en su hogar.

Libros debajo de la cama, cucharas en la sala de estar, agujas de tejer rellenas entre los cojines: si algo de esto le recuerda a su hogar, entonces necesita ordenar. Si se encuentra constantemente perdiendo cosas, entonces es posible que tenga demasiadas cosas. Una vez que se eliminan todos los artículos extraños, inmediatamente se hace más fácil encontrar artículos en el hogar.

5. Usted es dueño de un cajón de basura

Los cajones de basura se están convirtiendo gradualmente en algo común en el mundo de hoy, y esto es el resultado de que la gente tiene demasiadas cosas. El cajón de basura es un vertedero para objetos diversos. Francamente, no necesitas un cajón de basura. Si usted no puede encontrar un hogar para ciertas posesiones, entonces usted debe honestamente repensar su necesidad. Como su nombre indica, la mayoría de los objetos colocados en este cajón son basura.

6. Te avergüenzas de tu espacio.

¿La idea de que un amigo venga a visitarte te produce escalofríos? ¿Empiezas limpiando y ordenando frenéticamente cuando alguien llama para decir que viene a una breve visita? Si respondió "sí" a estas preguntas, es probable que tenga un gran problema de desorden. Pongámonos a trabajar en ello inmediatamente antes de que el desorden se convierta en el propietario y usted se convierta en el inquilino.

CAPÍTULO DOS – ESTABLECER LAS BASES PARA SU MEJOR VERSIÓN MINIMALISTA

Principios poderosos para ayudarlo a ver el mundo como un verdadero minimalista

Para obtener todos los beneficios del minimalismo, debe estar dispuesto a pagar el precio mental, psicológica y físicamente. Como hemos establecido en el capítulo anterior, el minimalismo no solo trata el aspecto físico de tu vida; el minimalismo va más allá, penetrando en la mentalidad y actitud hacia la vida. Estos siguientes principios le ayudarán a prepararse para el viaje que tiene por delante.

1. Tus posesiones no te definen

Contrariamente a lo que la mayoría de la gente cree, usted no es lo que posee. Sus posesiones no definen su valor. Desafortunadamente, muchas personas hacen compras con esta idea errónea en mente. Si quiere lucir bien, adelante, y si quiere los últimos accesorios, ve por ellos, pero no haga esas compras con desesperación. Y hágalo sin acumular desorden.

No es fácil practicar el minimalismo en el mundo en el que vivimos hoy. Se nos recuerda constantemente cómo podríamos y deberíamos ser más ricos. Nos bombardean los mensajes que nos dicen que cuanto más tenemos, más atractivos, dignos e interesantes somos. Pero ¿cuántas veces los productos que hemos comprado han cumplido con estas promesas? Al final del día, seguimos teniendo las mismas inseguridades y los mismos obstáculos. Lo más probable es que, incluso cuando usted compró lo que pensó que sería una solución rápida para algo, usted continuó encontrando ese problema. Sus posesiones no arreglarán lo que te hace infeliz. La cantidad que posea no determina su valor. Esto puede ser una señal de que no te sientes realizado en tu vida; una vez que persigues lo que realmente te hace feliz, y te dejas definir por tus logros, ya no necesitarás objetos materiales.

2. Vea sus posesiones por lo que realmente son

Es hora de dar un paso audaz y evaluar honestamente todas sus posesiones. Mire alrededor de su hogar y observe lo que está creando desorden. Pregúntese por qué gastó tanto tiempo y energía en adquirir, mantener y almacenar todos estos objetos. Las cosas que poseemos se pueden dividir en cualquiera de las siguientes categorías: objetos funcionales, objetos de embellecimiento y cosas sentimentales.

Los objetos funcionales hacen ciertos trabajos. Son necesarios para ayudarnos a realizar las actividades cotidianas. Algunos de ellos son esenciales para nuestra supervivencia, mientras que otros existen simplemente para mejorar nuestras vidas. Es importante que entiendas que no todo lo que quieres es necesario para tu supervivencia. Puede que te guste creer eso, pero no es la verdad. Cualquier objeto funcional que facilite la vida cotidiana es bienvenido en su nuevo mundo minimalista. Una hogar puede funcionar bien en ausencia de una patineta, pero no puede hacer lo mismo en ausencia de ollas de cocina. Ambas cosas agregan valor a una hogar, pero el valor de una eclipsa a la otra.

Los artículos de embellecimiento se introducen en el hogar porque añaden valor estético a su entorno. El arte debe ser apreciado y abrazado, ya que esto a veces puede añadir ambiente o una sensación de calma a una habitación. Pero tenga cuidado, ya que demasiados artículos de embellecimiento todavía pueden formar desorden, especialmente desorden de color. Observe su estante por un tiempo y observe la presencia de antigüedades que no coinciden. El hecho de que usted apreciara ese objeto esculpido unos meses después de la muerte de su madre no significa que deba tener un espacio para toda la vida en su hogar. Superamos las cosas y nuestro amor por ellas, y eso es completamente normal.

Las cosas que no entran en ninguna de las categorías mencionadas anteriormente suelen tener un valor sentimental. Estos pueden consistir en regalos, pertenencias heredadas u objetos que le recuerden un momento particular de su vida. Los objetos sentimentales te recuerdan los lugares en los que has estado, las personas que has conocido a lo largo del camino y las experiencias que has tenido.

Al evaluar sus pertenencias, responda a estas preguntas:

- ¿Qué valor añade esto a mi hogar?
- ¿Consideraría reemplazar esto si alguna vez se rompiera o se perdiera, o me sentiría aliviado de que finalmente estuviera fuera de mi alcance?
- ¿Necesitaba este artículo antes de adquirirlo?

3. La alegría de la vida sencilla

Cuando simplifica su vida, le quedan las cosas básicas y más necesarias que le dan valor y alegría. Limite sus compras y adquisiciones al mínimo para que solo permita lo que necesita en su vida. Tener solo lo esencial en su hogar es un componente importante del minimalismo. Esto ayuda a evitar la afluencia de residuos domésticos (que es una forma de desorden en sí misma). Esfuércese por reducir su tasa de consumo para que solo tenga las cosas que necesita para satisfacer sus necesidades inmediatas.

La mayoría de los consumidores en nuestro mundo moderno ni siquiera pueden hacer un inventario completo de las cosas que poseen porque poseen tanto. La vida sencilla le ayuda a mantenerse consciente y responsable de sus posesiones. Tal vez una mañana te preguntaste:"¿Dónde está mi polo azul marino?" E incluso después de semanas de búsqueda, no pudo localizarlo. Esa es una señal importante de desorden. Eres dueño de cosas que no necesitas ni usas y esto ha dado lugar a la irresponsabilidad.

4. Anhelar la disponibilidad de espacio

De vez en cuando, solo queremos tener una bocanada de aire fresco. ¿Alguna vez has intentado hacer eso en una habitación llena de gente? Por supuesto que no, porque no trae consuelo. De hecho, es probable que la sala llena de gente sea la razón por la que se necesita esa bocanada de aire fresco. Te encontrarás respirando colonia y olor corporal. Sería diferente si ese espacio estuviera despejado. Naturalmente, todos nos sentimos más tranquilos en un espacio vacío y despejado.

La ausencia de espacio causa angustia. Cuando no hay suficiente, la claustrofobia comienza a comerte. Muchas personas creen que su problema de espacio solo se puede resolver mudándose a una hogar o un complejo más grande. Sin embargo, a los pocos meses de su llegada, el desorden comienza a formarse de nuevo en este nuevo entorno. No huya de su falta de espacio; enfréntelo de frente y comience a crear más espacio. Esto es lo que el minimalismo te ayuda a lograr. Cada espacio se convierte en suficiente para ti porque has dominado el arte de crear más cuando lo necesitas.

Como establecí en mi introducción, el desorden es un monstruo que devora el espacio. Un día te despiertas y descubres que todo el espacio que una vez disfrutaste ha desaparecido y te preguntas qué pasó. Fue un proceso gradual y como el espacio es silencioso, no pronunció ninguna palabra mientras era tragado. No te preocupes por tu espacio perdido. Puede que lo hayas perdido tan rápido como un chasquido de dedo, pero no se pierde para siempre. Todo lo que tienes que hacer es deshacerte de las pertenencias innecesarias.

Usted debe tener en cuenta la cantidad de espacio que tiene en su hogar antes de comprar más cosas. Recuerde que el espacio en su hogar no es vacío. Aporta un valor estético propio. Permite a todos los que viven en ese espacio respirar más fácil y libremente. Aprende a anhelar este sentimiento, en lugar de las cosas.

5. **Menos cosas significa menos estrés**

La gente raramente considera esto, pero se necesita mucha energía física y mental para manejar todas las cosas que uno posee. Después de comprar el artículo y ese momento fugaz de lo que yo llamo la "subida del comprador", la diversión de la situación comienza a ir constantemente cuesta abajo. Este artículo no solo ocupa espacio en su hogar, sino que también debe gastar energía para mantenerlo en su lugar y fuera del camino. Y si el artículo se rompe, costará más dinero y tiempo repararlo. Pronto, comienza a sentirse como si los productos controlaran su vida, en lugar de lo contrario.

El estrés asociado a la acumulación de posesiones viene en etapas. Una vez que descubres que no eres dueño de un artículo en particular, te da una sensación de alienación y privación. "¡Cielos! ¡Estoy tan pasado de moda!" Tal vez te encuentres pensando. Es entonces cuando el estrés comienza a desarrollarse. Hay una sensación de sentirse irrelevante si no se posee el producto adecuado. Luego está el estrés relacionado con la adquisición del artículo. Comienzas a mirar escaparates, a navegar por la web y a desplazarte sin rumbo por Amazon. Pronto, usted tiene un aumento de la frecuencia cardíaca.

Te das cuenta de que no puedes permitirte el lujo de comprar el artículo, pero lo sacas de tu mente y lo compras de todos modos. Su emoción supera a su mente racional, pero el estrés se filtra una vez que hace clic en el botón "confirmar compra". Cuando llega el artículo, usted está lleno de esa euforia familiar, pero esto no dura mucho tiempo. Una vez que pierde su brillo, termina en el mismo rincón con todas las otras cosas que una vez amaste, pero que ya no te interesan. Se convierte en otra cosa para tirar fuera del camino cuando no puedes encontrar lo que necesitas.

Tómese un momento para recordar la vida antes de tener tantas posesiones. Todo era mucho más sencillo. Poseías esa alegría sin adulterar de un minimalista, y probablemente más dinero, también.

No estoy tratando de convencerte de que vivas en el bosque, alimentándote de babosas y lombrices, con solo una cama de heno y una cuchara de madera. Solo te pido que reflexiones. Imagínese sin la mitad de las posesiones que posee actualmente. Considere su vida sin toda su selección de tazas o los libros que ha tenido durante años pero que nunca ha leído. Considere su vida si solo es dueño de los bolsos y carteras que *realmente* usa. Lo más probable es que tu vida no sea peor. ¡Y piensa en todo el estrés que estarías eliminando de tu vida!

6. La satisfacción es poderosa

No puedo dejar de insistir en este punto: la satisfacción es la base sobre la que se construye un estilo de vida minimalista. Una persona codiciosa o acaparadora nunca será capaz de practicar el minimalismo al máximo, a menos que experimente una transformación completa. Lo que es una locura en el mundo moderno es que la mayoría de nosotros *estamos* contentos con las cosas que ya poseemos, hasta que nos acosa la idea de que existe algo mejor y nos dicen que tenemos que comprarlo ahora.

Una vez que sus necesidades básicas como ser humano sean atendidas, entonces la felicidad debería estar en su lugar. Tu felicidad no debería depender de las cosas que posees; cuando eso sucede, la felicidad se vuelve inalcanzable. Cuando aprendes a apreciar lo poco que tienes, empiezas a ver abundancia en todo y la vida se vuelve aún más agradable. Concéntrate en lo que tienes en vez de en lo que no tienes, porque una vez que empiezas a comparar tu vida con la de la gente que te rodea, tu hambre de más cosas nunca descansa. Las cosas no pueden llenar el vacío de tu profundo descontento e insatisfacción.

Usted debe practicar el arte de creer que tiene suficiente antes de que realmente tenga suficiente. "Suficiente" es, después de todo, una cosa de la mente en la era moderna cuando la mayoría de nosotros tenemos nuestras necesidades básicas satisfechas muy fácilmente. Todo tiene que ver con el autocontrol y la autodisciplina.

7. Proteja el flujo de las cosas en su vida

¿Qué tan fácil es para las cosas inútiles entrar en su vida y establecerse allí? Cada día aparecen más consumibles en busca de un nuevo hogar, y a menos que usted practique la autoconciencia, su hogar corre el riesgo de invitar a este nuevo desorden. Proteger el flujo de las cosas en su vida significa que usted solo debe permitir que las cosas de valor en - las cosas que le proporcionan alegría sin diluir, libre de la necesidad de complacer o hacer que otros aprueben de usted.

Estos objetos que forman desorden no tienen patas ni alas. Debemos preguntarnos:"¿Cómo llegan a nuestros hogares?" O los compramos o nos los regalan.

Tu hogar es tu espacio personal; es la única parte del mundo donde puedes ser rey o reina. Se debe hacer un esfuerzo consciente para proteger la hogar de estos materiales no deseados. Antes de que algo llegue a su hogar, evalúe toda su situación.

Las preguntas necesarias aquí incluyen:

- ¿Qué papel veo que jugará este objeto, si es que juega alguno, dentro de unos meses?

- ¿Hay un lugar en mi vida para este artículo en este momento?
- ¿Qué me motiva a comprar esto?
- ¿Cuánto tiempo ha pasado desde que compré algo que funciona de la misma manera?

Puede que te preguntes: "Pero ¿qué hago con los regalos, los regalos o los obsequios? Rechazar cortésmente un artículo a veces funciona bien, pero la mayoría de las personas no tienen la mente para hacerlo debido a su relación con el donante. Si realmente sientes que necesitas recoger ese artículo, adelante, pero toma nota mentalmente para sacarlo de su lugar en unos meses, y haz que lo desechen, donen o vendan. No permita que este desorden se asiente en su hogar. Tu hogar no es un contenedor de basura.

8. Vive la vida libre de los grilletes de las posesiones

Los mejores minimalistas son aquellos que han aprendido a manejar los efectos que las posesiones tienen sobre su bienestar. La idea aquí es aflojar el agarre que sus pertenencias tienen sobre su identidad. Las fortalezas emocionales que construimos alrededor de estos objetos pueden ser vinculantes y si no tenemos cuidado, pueden llevar al sufrimiento. Separarse de sus pertenencias significa encontrar libertad emocional, mirar más allá del valor monetario de las posesiones para ver el valor real de la vida.

Los beneficios de practicar el desapego de las posesiones son numerosos y cambian la vida. Esto eventualmente conducirá a una personalidad menos codiciosa. Cuando ya no estés plagado por un hambre insaciable de cosas, encontrarás mucha más satisfacción en tu vida. Finalmente puede encontrar la libertad de los complejos materiales del mundo moderno. ¿Alguna vez has oído hablar de familias arruinadas por el conflicto sobre quién puede heredar las cosas de un ser querido recientemente fallecido? ¡No tienes que ser tú!

El minimalismo es una llamada de atención para dejar de sentirse definido por sus pertenencias y para formar vínculos con aspectos de la vida que crean una alegría más profunda. Ayudar en la comunidad. Hay nuevas experiencias que te atraen. Hay muchas personas con las que puedes conocer y forjar nuevas relaciones.

Aunque es posible que deseemos evitar el tema de la muerte, nos llegará a todos en algún momento. Cuando llegue su momento, todos los artículos inútiles a los que se haya apegado se quedarán atrás y no tendrán ningún propósito. Las cosas que dejes atrás serán lo que te recuerden. Mientras se prepara para su vida minimalista, tómese unos minutos para revisar sus pertenencias y considerar qué impresión le causará. Esto no es para hacerte temer o preocuparte por la muerte, sino para hacerte entender que solo unas pocas cosas en tu vida valen el espacio que ocupan.

9. No es necesario que sea suyo para disfrutarlo

Considere esta pregunta: ¿por qué debe tenerlo para disfrutarlo? Añadir un nuevo objeto a tu pila de desorden no es la única forma de experimentar los beneficios de ese objeto. En estos tiempos, estamos tan ansiosos de poseer cosas (y a veces, incluso personas) que podemos llamar nuestras y *solo* nuestras - pero esta es una forma tonta de vivir la vida. Los artículos que son comunales de alguna manera son igual de buenos. Al pedir prestado o alquilar un artículo, usted todavía puede hacer buen uso de él sin tener que preocuparse por su lugar a largo plazo en su hogar. Si necesita un libro nuevo, ¿por qué no pedirlo prestado a un amigo o a la biblioteca? Si necesita un traje para un evento de lujo, hay muchas compañías que ofrecen alquiler de ropa de alta calidad para uso a corto plazo. Los alquileres son mucho más baratos que las compras. No solo es más amable con tu billetera, sino también con tu hogar.

Hábitos minimalistas cotidianos para llegar a la zona

Probablemente ya lo sabías, pero el minimalismo no es solo un hábito, sino también un estilo de vida. Para los minimalistas más duros, puede incluso parecer una religión. Para un poco de humor, considere el desorden como el mal de esta "religión" minimalista. Así como todas las demás religiones tienen sus rituales cotidianos para ayudar a sus seguidores a mantenerse conectados a sus enseñanzas, el minimalismo también tiene sus propias rutinas y hábitos que sirven a un propósito similar.

Hay hábitos simples que deben ser implementados diaria o semanalmente en su nuevo horario minimalista. Estos hábitos pueden parecer pequeños, pero crearán un mundo de diferencia. La mayoría de estos rituales diarios se pueden llevar a cabo en cuestión de segundos, sin consumir demasiado tiempo. Antes de entrar en los hábitos de minimalismo, permítanme explicarles una gran estrategia para integrar nuevos hábitos saludables en sus vidas.

- **U Un truco de vida para desarrollar mejores hábitos.**

Cuando tratamos de crear mejores hábitos, tendemos a hacer las cosas difíciles para nosotros mismos. No tiene que ser así. ¿Quieres saber un secreto? Usted debe encontrar una manera de vincular los hábitos que desea desarrollar con los hábitos ya existentes. Si escuchar podcasts es parte de tu agenda diaria, intenta hacerlo *mientras* haces algo que no disfrutes tanto. Podrías asociar este hábito al menos agradable acto de lavar los platos. O podría conectar el hábito de prepararse para la cama con la práctica de limpiar el espacio de su escritorio. Cuando se trata de crear nuevos hábitos, esta es una forma probada y verdadera de hacer que se mantengan.

HÁBITOS MINIMALISTAS

1. Encienda su mentalidad minimalista todos los días

Comience cada día leyendo o mirando cualquier cosa que tenga que ver con el minimalismo. De esta manera, puede asegurarse de estar siempre motivado. Actualizar su mentalidad acerca de los poderosos beneficios del minimalismo lo ayudará a mantenerse en el camino, especialmente en los días que desee rendirse. Hazlo a primera hora de la mañana porque es cuando tu subconsciente está más activo y receptivo a la información.

Casi todos los anuncios en los medios sociales o la televisión son una promoción del consumismo. Cuanto más les prestas atención, más te encuentras alejándote de las enseñanzas minimalistas. Sea diligente al adoptar este nuevo estilo de vida. Haga un esfuerzo consciente para llenar su mañana, y en esencia, su día con la información que importa y la información que le beneficiará. Suscríbete a los canales de minimalismo en YouTube y sigue a los que influyen en el minimalismo en Instagram. Empiece cada día con un motor minimalista.

2. Encuentre su tribu

La gente con la que pasas el tiempo influirá inevitablemente en tus acciones. No puedes alimentar un sueño minimalista mientras sales con gente materialista. Un partido influirá en el otro, y les diré ahora que el materialismo es mucho más contagioso que el minimalismo. No importa cuán disciplinado seas como un minimalista, se necesitará una gran cantidad de energía emocional y mental para no ser absorbido por un mundo de consumismo.

Si la gente en su vida vive alineada con las enseñanzas minimalistas, será más fácil hacer que este nuevo estilo de vida se mantenga para siempre. El minimalismo ya no será algo que tengan que *tratar de* encarnar; simplemente será la nueva norma. No pensarás de otra manera. Por eso es importante encontrar a tu tribu. Esto no significa que no puedas socializar o conocer a otras personas (¡obviamente!), solo significa que necesitas estar consciente de con quién te rodeas y cómo eso impactará en tu nueva vida. Evalúe su vida ahora y considera cuáles personas serán buenas y cuáles serán malas para tu nuevo y prometedor capítulo. Proponga métodos que lo protejan de sus formas materialistas si alguna vez necesita pasar tiempo juntos.

3. Gratitud

La gratitud es poderosa. La gratitud energiza la sonrisa en su rostro y lo convierte en la persona más atractiva de la habitación. Este hábito es fácil de incorporar en su día, pero como he dicho, necesitará un cambio drástico de mentalidad. La única diferencia entre una persona agradecida y una ingrata es su mentalidad. Una vez que empiezas a ver el mundo a través de la lente de la gratitud, instantáneamente te sientes mucho más feliz.

Cada mañana, justo antes de que sus hijos o pareja se despierten, saque su cuaderno o diario especial y haga una lista de tres cosas por las que está agradecido. ¡Esto puede ser cualquier cosa! ¿Su hijo sacó un 80% en un examen sorpresa después de que los ayudaste a estudiar? Muestre gratitud por haber sido bendecido con un niño inteligente. ¿Es una época fría, húmeda y miserable del año? Demuestra gratitud por haberte cobijado de un clima tan terrible. Solo piensa, ¡podrías estar ahí fuera en el frío helado ahora mismo! El contentamiento es solo un pensamiento cuando se hace de la gratitud un hábito diario.

4. Llena tu vida de experiencias, no de cosas

Valora las experiencias y recuerdos que la vida te trae. La gente no te recordará por las cosas que trajiste del centro comercial, sino por las experiencias que les diste mientras estabas con ellos. Ve a algún lugar divertido. Ve a ver una cascada y experimenta la belleza. Hazle a alguien una cena fantástica. Los recuerdos y las experiencias compartidas son la roca sobre la que se construyen las amistades y las relaciones. La gente siempre te recordará por cómo los hiciste sentir.

5. Aprender a decir "no" cuando sea necesario

Nunca subestimes el poder de decir "no". A pesar de lo pequeña que es la palabra, tiene mucho peso y poder. Vidas han sido cambiadas y salvadas solo porque alguien se atrevió a decir" 'no". Como minimalista, hay que cultivar el hábito de decir no siempre que sea necesario. Decir que no, te hace una persona mala. De hecho, es decir sí cuando no deberías o cuando no lo dices en serio lo que te hace un cobarde. ¿Te encuentras incapaz de decir que no a la gente? ¿Esta gente siempre termina regresando? Es probablemente porque saben que nunca serán rechazados por ti. Mira a tu alrededor, algunos de los miembros más respetados de la sociedad son los que dicen que no en el momento adecuado. No son fáciles de influenciar en los horarios y planes de otras personas.

El hábito de decir no se aprende con la práctica constante y con el paso del tiempo. Decir que no a los demás es decir que sí a ti mismo y liberarte de futuros compromisos y compromisos que pueden resultar en un desorden en tu agenda. O peor aún, su cuenta bancaria.

Dígale que no a los niños que podrían querer juguetes adicionales. Diga que no a los amigos que podrían querer que usted sea el anfitrión de una fiesta, incluso si no tiene el tiempo y los recursos para hacerlo. Diga que no incluso a su propio yo, cuando le importa le está rogando que compre una nueva novela en la librería cuando hay un centenar en la biblioteca de su hogar que usted ni siquiera ha abierto.

6. Planifique una comida sencilla pero nutritiva

Simplificar sus comidas les enseñará a sus papilas gustativas y al paladar en general a disfrutar y aceptar el sabor natural de los alimentos. La necesidad de añadir saborizantes adicionales a sus comidas se reducirá. Este cambio de estilo de vida evitará que más envases lleguen a su hogar. Un intento constante de superarse en la cocina puede ser una pérdida de tiempo y energía. Tenga un plan de comidas que pueda repetirse fácilmente con variedad de vez en cuando. Su proceso de compra resultará ser mucho más ágil y el desorden será mucho más controlado.

7. Emplea mecanismos de control de espacio

Crear más espacio en su hogar es una manera decente de lidiar con el desorden, pero no es la mejor manera. Lo que usted puede haber logrado es proporcionar más espacio para el crecimiento del desorden. En lugar de buscar cómo crear espacio en su hogar, emplee mecanismos que le ayuden a controlar el espacio que ya posee. La gente ha estado construyendo sus hogares cada vez más grandes y, sin embargo, el desorden sigue existiendo. Una vez que vemos la disponibilidad de espacio, es nuestra naturaleza humana querer llenarlo de cosas. Para que el minimalismo tenga pleno efecto, debemos aprender a suprimir este impulso.

Coloque dos cajas en puntos estratégicos de su hogar. Estas cajas son para posesiones que estás decidiendo dejar. Uno de ellos contendrá las cosas que usted quiere vender o donar y el otro contendrá las cosas que usted quiere descartar. Con eso establecido, manténgase alerta y consciente de lo que está consumiendo espacio en su hogar. Identifique las cosas que han perdido su valor en su hogar y elija donarlas o desecharlas. Este simple truco hace maravillas y despeja el espacio a los pocos meses de práctica continua.

8. Minimice su deuda

La deuda es una forma de desorden por sí misma. Te agobia tanto emocional como económicamente y en tus relaciones con las personas. Puede que no funcione exactamente de la misma manera que el desorden material, pero la deuda acumulada con el tiempo siempre vendrá con frustración, enojo y depresión. Las filosofías minimalistas enfatizan la importancia de prevenir la creación de deudas, pero en el caso de que ya haya ocurrido, usted debe hacer planes para pagarlas todas y eliminar la carga.

No te preocupes. Puede parecer un gigante insuperable, pero un enfoque paso a paso le dará en la cabeza. Primero, decida no acumular más deudas. Antes de llamar a sus amigos para pedir un préstamo o algo peor, compre algo caro con su tarjeta de crédito, considere profundamente si es necesario. La mayoría de las veces nos endeudamos solo porque estamos tan convencidos de que luego nos pondremos manos a la obra. Si no puedes hacerlo ahora, ¿por qué será mejor más tarde?

Haga algunos cálculos y calcule cuál es su ingreso semanal o mensual. A partir de esa suma se puede establecer un cierto porcentaje para el pago de la deuda, poco a poco. Si puede hacer los pagos automáticos o una reducción directa de su cheque de pago, hágalo. También ayudará a desarrollar fondos de emergencia; en otras palabras, dinero al que se puede recurrir cuando llegue el momento. Crea una cuenta y envía pequeñas cantidades de tus ganancias a esta cuenta. Ahorre dinero en esta cuenta con el tiempo y resista todos los impulsos de gastarlo, a menos que no tenga otra opción y necesite desesperadamente el dinero. ¡No, tus "deseos" no cuentan!

9. Buscar la calidad en todo momento

Dicen que todo lo que vale la pena hacer vale la pena hacerlo bien. Yo digo: "Cualquier cosa que valga la pena comprar es de alta calidad". Los productos de calidad inferior siempre resultan ser baratos porque los vendedores están seguros de que no durarán mucho tiempo en su posesión. Sin embargo, cuando vemos estos precios bajos, nos resulta difícil resistir la compra. Inevitablemente, el desgaste ocurre y usted vuelve a comprar un nuevo juego de estos mismos productos de calidad inferior. Con el tiempo, una pila creciente de productos de baja calidad aparece en su hogar, cuando usted podría haber comprado un producto de alta calidad en su lugar. No solo es un desperdicio de espacio, sino también de dinero a largo plazo. ¡No se deje engañar por ese precio barato! La calidad viene con el costo extra y su tranquilidad vale la pena ese costo extra.

CAPÍTULO TRES – ORGANICE SU HOGAR 101

Ahora es el momento de entrar en el proceso minimalista de decadencia con todo detalle. Hemos establecido con éxito los cimientos del minimalismo, la importancia del minimalismo y los hábitos que te pondrán en el camino correcto hacia una vida de libertad sin restricciones de los objetos materiales. Este capítulo le guiará a través de los procesos esenciales de decodificación. Como todo lo que hemos demostrado hasta ahora, es vital que haga que estas prácticas formen parte de su rutina, y no solo una actividad única.

Organice poco a poco: ¿Cómo empiezo?
Una de las desventajas más significativas de comenzar cualquier nuevo hábito o tarea es averiguar por dónde empezar en la tierra. Al desguazar la hogar, siempre hay un lugar por donde empezar. Cuando miras alrededor de tu hogar y ves el desorden en el suelo de tu sala o de tu dormitorio, algo te habla y te dice: "No puedes hacer esto. Es demasiado. ¿Dónde pondrás todas estas cosas?" No se altere y se sienta abrumado por el miedo. Todo lo que tiene que hacer es adoptar la consistencia. El desorden no ocurre en un instante. Es un proceso que lleva tiempo porque también tardó un tiempo en acumularse. A medida que te tomas el tiempo para practicarlo más y más, comienzas a mejorar cada vez más. Pronto te encuentras naturalmente involucrado en el proceso. Se ha convertido en parte de usted.

La clave para ordenar desde cero es sacar todo de su lugar designado. Voltee los cajones y vierta todo su contenido. Desnuda el armario para dejar al descubierto ganchos, varillas y estanterías. No olvide que necesitará un espacio libre para deshacerse de las cosas que se desecharán o donarán. Le sugiero que comience con un área pequeña a la vez para que la habitación en la que está trabajando actualmente no se llene de materiales y dificulte la libre circulación.

Imagine que está comenzando la vida en su hogar de nuevo. Ver las pertenencias en un lugar diferente cambiará su perspectiva sobre su disposición. Y verter tus cosas puede ayudarte a identificar algunos artículos que no han estado en su lugar durante un tiempo. No dude en sacar cualquier cosa de su espacio designado. Escoja una parte de la hogar con la que se sienta más cómodo y comience. Hay muchos lugares en los que puedes empezar a decaer, y ninguno es mejor que el otro. Puede ser su dormitorio, o el ático o el sótano. Solo escoge un lugar. Cuando estés allí, puedes buscar una porción más pequeña y trabajar en ello: debajo del espacio de la cama, el armario o el zapatero. No descuides ninguna parte de ella porque cada rincón que se pasa por alto contiene un desorden que puede crecer si no prestas atenciones.

Consejos para mantener un hogar ordenado permanentemente

1. **Lo que se queda y lo que se va:** Una vez que haya vertido el desorden de su escondite, debe comenzar el proceso de clasificación. Este es el punto en el cual usted debe encontrar la causa de todo su desorden. El proceso de clasificación tiene tres categorías: Guarde, Deseche y Done. Necesitará tres contenedores para cada uno de ellos. Las cajas también funcionarán bien para ayudarle, sobre todo, si necesita ocuparse de artículos más pequeños. Si tiene una caja más pequeña, puede usarla para cosas sobre las que actualmente no se ha decidido. A medida que avanza, encontrará elementos que le harán pausar y sentirse confundido sobre si los arrojará o los guardará. Tíralos en la caja y vuelve a ellos más tarde para que no ralenticen su progreso.

La posibilidad de que acabe con cajas llenas de materiales indecisos es muy alta. No tiene de que preocuparse. Selle y coloque una fecha con un marcador. Dedique algo de tiempo a los artículos y vuelva a ordenarlos nuevamente. Para entonces, usted tendrá una mente y un juicio más claro sobre el futuro de estas pertenencias en su vida. Usted no debe enredarse demasiado en la decisión de tener una caja llena de artículos indecisos. Es una forma de desorden por sí solo. No lo tires en el sótano y lo olvides porque sientes que no tienes la resistencia emocional para dejar ir esas cosas. El punto aquí no es encontrar un lugar de almacenamiento diferente para estos artículos, sino mantener el proceso de desencofrado tan rápido y sin problemas como sea posible.

- **La caja de descarte:** El contenido de esta caja puede ser llamado el "Desechables". No te quedes con el nombre, ya que estos artículos son básicamente basura. Estos artículos no sirven para nada en tu vida. No se deje llevar y no deje caer ninguna de ellas en la caja de "Guardar". La verdad siempre debe prevalecer en su toma de decisiones. Hay cosas que puedes sentir que todavía tienen valor, pero dentro de tu corazón sabes que son basura; simplemente no quieres dejarlas ir porque contienen ciertos recuerdos o ideas sobre lo que quieres ser. La caja de descarte está llena de cosas que son difíciles de soltar. Si no se puede arreglar, entonces debe soltarlo.

Reciclar algunos de estos artículos es una opción. Tenga en cuenta su entorno inmediato al clasificar estos elementos. Entra en YouTube y busca información sobre cosas que se pueden reciclar fácilmente para un propósito y valor mayor. La eliminación adecuada de la basura debe ser una consideración importante a medida que se clasifica a través de la pila. ¿Dónde terminarán estas cosas? ¿Qué se puede reutilizar y reutilizar?

- **La caja para conservar:** Esto contendrá todas las cosas que quieras conservar. Las posesiones aquí incluirán todo lo que todavía le da valor a su hogar y a su vida, cosas que usted realmente aprecia, y cosas que todavía son funcionales y útiles. Si usted no ha usado algunos artículos en años, entonces debe saber que no pertenecen a esa caja. Serán más útiles en una caja de donaciones o en la caja de artículos no decididos.

- **La caja de donaciones:** Esta caja contendrá artículos que todavía son útiles pero que ya no le sirven para nada. Algunos ejemplos son los juguetes caros que se encuentran en el sótano, a pesar de que su hijo menor ya está en la escuela secundaria. Puedes dárselas a tus nuevos padres. Tendrán más valor en su hogar que en la suya. No te sientas mal por dejarlos ir. Te estás dando libertad, y estás proporcionando a esos artículos una nueva vida donde serán más apreciados. Algo te seguirá diciendo: "Pero es posible que algún día aún necesites esto". Resiste el impulso de sucumbir a ese pensamiento. Si no lo necesita hoy, la posibilidad de que necesite otro día es muy pequeña.

Sea más generoso con los artículos de su pila de donaciones. Tenga la seguridad de que alguien ahí fuera los apreciará. Es posible que también le preocupe dónde llevar sus donaciones. Hay numerosas organizaciones religiosas que siempre necesitan materiales para dar a los menos privilegiados. La Cruz Roja y otras organizaciones médicas aceptan sus donaciones para ayudar a los campamentos de desplazados internos en todo el mundo. Todo lo que tienes que hacer es investigar un poco en Internet, y la gente adecuada vendrá a tu puerta para ayudarte a sacar tus donaciones.

Si usted es reacio a liberar sus pertenencias al mundo de esta manera, entonces considere venderlas en su lugar. El dinero en efectivo le proporcionará más valor que el artículo que yace en la hogar. Realice una venta de garaje o de jardín. Usted se sorprenderá de la cantidad de dinero que puede ganar con uno. Hay una variedad de cosas que usted puede vender, desde libros hasta CD, DVD y equipo de golf.

Te sorprenderá cuánta gente en tu vecindario necesita desesperadamente las cosas que has estado acumulando.

2. Un propósito para cada artículo: Es muy fácil que la caja para "conservar" se inunde de objetos. Antes de que cualquier objeto sea devuelto a su hogar y a su vida, es necesario que reconsidere su verdadera importancia en su vida. Hágase la pregunta esencial sobre cada artículo que encuentre. Cada artículo en su caja para "conservar" debe estar haciendo una contribución positiva notable a su vida. Todo lo demás no debe ir en esta caja.

Mientras pasas por estos objetos, te encontrarás con muchas cosas que sirven exactamente para el mismo propósito. Pueden tener una decoración o un embalaje diferente, pero en última instancia hacen lo mismo. Este es un caso de duplicación, y debe ser manejado y atendido apropiadamente. El minimalismo consiste en eliminar los excesos de tu vida. Algunos de estos artículos en el hogar pueden fácilmente multiplicarse y atascar los cajones. Algunos ejemplos son bolígrafos, clips o botones. Ahorre una cantidad razonable y elimine el resto de ellos.

Otros artículos que no están en la clase de artículos duplicados deben ser examinados ahora. Examine la esencia de cada artículo, averiguando su valor y cuánto se necesita en su hogar.

Las respuestas que te vienen a la mente te guiarán sobre dónde colocar los artículos, ya sea en una caja de donación o en una caja para "conservar". Algunos artículos pueden tener algún tipo de valor, pero el espacio que proporcionarán una vez que sean retirados del camino puede ser más valioso. Dese ese nuevo espacio y quite ese objeto del camino.

Al clasificar y hacer categorizaciones, podrías considerar tener un amigo objetivo y responsable que también sea un minimalista a tu alrededor. Su presencia le dará el impulso suficiente para hacer lo correcto. Tener que explicar por qué quieres quedarte con un objeto estúpido u otro puede ser vergonzoso. Usted mirará a través de sus pertenencias con ojos más claros y comprenderá por qué necesita dejarlas ir.

Mientras revisas tus cosas, ten en cuenta que solo usas el 30% o menos de las cosas que posees cada mes. Y la diferencia casi nunca se nota. Algunas de las cosas que atesoras y proteges con tanto cariño no servirán para nada en tu vida durante todo el año. Pero como hay espacio, decides alojarlos. Sea más rígido durante el proceso de clasificación. Busque los elementos esenciales que constituyen el menos del 30% y guárdelos. Estas son tus posesiones más importantes.

3. Un hogar para todo: en su propio hogar, cada una de sus posesiones debe tener sus propios hogares, espacio que ocuparán a partir de ahora. Debe estar en el centro de su mentalidad minimalista: todo debe tener su lugar. Es un principio importante del minimalismo. Es mucho más fácil para usted mantener stock y evitar que los artículos perdidos se muden a su hogar cuando hay lugares designados para todo. Cuando esto está en su lugar, es más fácil para usted identificar cosas que no deberían estar en su hogar y cosas que no pertenecen a su entorno.

Hay que tener en cuenta al hacer estas designaciones, algunas de las cuales incluyen la frecuencia de uso, el tamaño, la fragilidad y la proximidad. La hogar ya está dividida en pequeñas unidades de habitaciones. A veces, si uno tiene suerte o es lo suficientemente rico, las diversas habitaciones se dividen en compartimentos o espacios más pequeños para contener alguna clase especial de posesiones u objetos. Por ejemplo, los armarios de la cocina pueden contener cerámica y utensilios de cocina, y los vestidores de la habitación pueden contener toda la ropa. Por lo general, la hogar de un artículo debe estar más cerca del lugar donde más se necesita. Si tiene ropa apilada en el piso de su baño, es hora de trasladarla al lugar donde se necesita.

Las cosas que usted usa con más frecuencia deben mantenerse cerca de usted en un lugar donde pueda alcanzarlas fácilmente. Usted querrá poder acceder a estos elementos sin tener que hurgar y escarbar innecesariamente en sus otras cosas.

Una vez que haya identificado y designado un lugar para todo, será útil etiquetar cada uno de estos lugares para que cualquier persona que entre a su hogar sepa exactamente dónde poner las cosas después de usarlas. Utilícelo como una especie de dirección para cada elemento. Incluso sus hijos se acostumbrarán a ello y seguirán estas sencillas instrucciones. Haga que los miembros de su familia participen activamente en el proceso de desorden. Si todo el mundo tiene una mentalidad de decadencia y minimalismo, será más fácil enfrentarse a este monstruo. Un esfuerzo de colaboración hace maravillas. La ropa debe colgarse en lugar de apilarse en cajas o sillas. Lleve los utensilios de vuelta a sus espacios colgantes en lugar de dejarlos en el mostrador de la cocina. Devuelva los libros a la estantería en lugar de dejarlos en el piso o en las sillas.

Una vez que entre a una habitación, trate de encontrar artículos que no estén en su lugar y devuélvalos a su hogar. Solo le llevará unos minutos fuera de las horas del día y la gran diferencia se notará en su hogar.

4. Mantenga las superficies claras - Las superficies anchas y planas son los principales lugares de reproducción del desorden. La mayoría de los artículos terminarán en superficies claras, no hay duda de ello. Eche un vistazo a tu hogar. Las superficies como la mesa de comedor, los mostradores de la cocina o la mesa de café de la sala de estar probablemente estén llenas de desorden. Esto se acumulará gradualmente hasta que toda la superficie haya sido colonizada por la basura.

Las superficies claras añaden un cierto tipo de belleza a cualquier ambiente que las rodea. Ofrecen un sinfín de posibilidades. La superficie transparente de la cocina le ayudará a preparar una comida rápida sin obstáculos. Una mesa de comedor despejada acomodará a los miembros de una familia para el desayuno. Nunca se insistirá lo suficiente en la importancia de las superficies claras. No nos damos cuenta del valor de una superficie despejada hasta que la encontramos cubierta de desorden. De repente, no podemos dejar ni una sola placa, o no tenemos dónde dejar nuestro portátil para el trabajo.

Para asegurarse de que sus superficies permanezcan limpias, debe adoptar una nueva actitud y observar algunos principios básicos de desencofrado. Sus superficies no deben ser utilizadas como espacios de almacenamiento. Por todos los medios necesarios, sus superficies deben mantenerse limpias y despejadas en todo momento. Estos pasos le ayudarán:

i. Despeje cada objeto de esa superficie plana. Si debiesen estar en la superficie o no es irrelevante en esta etapa temprana. Serán devueltos más tarde, si pertenecen aquí.
ii. Una vez que la superficie esté despejada, apártese de ella y observe la calma que produce tener una superficie despejada. Vea lo atractiva que es la superficie, observe la belleza del espacio.
iii. Identifique para qué sirve esa superficie en su hogar. ¿Es una superficie que cumple una función específica (como un mostrador de cocina) o se utiliza en momentos de creatividad? Tal vez quieras usarlo para algo totalmente diferente de su propósito anterior. Una vez que haya identificado con éxito su función, ahora puede determinar qué es lo que volverá a la superficie y qué no debería estar en la superficie.
iv. Trate de no permitir más de tres objetos en cualquier mesa. Cualquier cosa más que eso constituirá un desorden. Si es un objeto esencial, colóquelo en un estante o en cualquier otro lugar

cercano. Permita que las superficies permanezcan tan claras como sea posible hasta que el hábito se adhiera.

v. Se pueden añadir hasta dos artículos adicionales por su valor estético en estas superficies. Estos servirán para complementar la superficie y evitar que se vea demasiado desnuda o aburrida.

Una cosa es conseguir una superficie clara y otra cosa es mantenerla limpia. Mucha gente limpia las superficies todos los días, pero antes de que acabe el día vuelven a estar como al principio. Estos consejos le ayudarán a mantener sus superficies limpias por un período de tiempo más largo.

- **Deje sus cosas en el suelo cuando llegue a hogar.** Es un instinto básico dejar caer las cosas que vienen con usted en una habitación sobre una superficie limpia y clara. Es relajante quitar el peso de sus manos y colocarlo en una mesa o mostrador transparente. Luego se sientan allí durante horas o días, descuidados porque no están en tu camino. La regla más importante es no conseguir nada en la superficie en primer lugar, colocar esos elementos en el suelo y una vez que te hacen viajar dos veces, usted estará ansioso por finalmente ponerlos en su lugar designado. Puede parecer demasiado extremo para ti, pero el minimalismo tiene que ser extremo a veces, especialmente si eres una persona que se siente cómoda con el desorden. Disciplínese contra el desorden. Con el tiempo, notará un cambio de actitud que le obliga a organizar en todo momento cualquier cosa con la que regrese a hogar.

- **Limpie las superficies al menos dos veces por semana.** Limpiar las superficies hacia abajo llama la atención sobre el desorden que crece en ellas. A medida que se limpie, guarde lo que no deba estar en la superficie y aparte todo lo que se interponga en el camino de su limpieza. Deseche cualquier basura o pedazo inútil de chatarra y devuelva la superficie a su gloria inicial. Haga esto al menos dos veces por semana.

- **No dejes nada para después.** Cuando este en el proceso de limpiar cosas, puede ser tentador decirte a ti mismo que vas a terminar con ciertas tareas más tarde. No lo hagas. No lo hagas. Si ha terminado de doblar la ropa, envíela al armario inmediatamente. No los dejes en la mesa de planchar. Estabas leyendo un libro en la mesa del comedor cuando te diste cuenta de que tenías que recoger a los niños de la escuela. Envía ese libro a la estantería antes de salir de hogar. Esta es una de las principales claves para dejar las superficies tan claras como deberían ser. Adopte el hábito de guardar las cosas tan pronto como termine con ellas. Una vez que te acostumbras a esto, la hogar casi se limpia sola.

- **Evitar la acumulación de pequeños desórdenes.** Todos somos culpables de dejar que se acumule un "pequeño desorden" en nuestros hogares. Se nota que crece, pero nunca se reconoce como un desorden hasta que un día se abren los ojos. Como su nombre lo indica, el pequeño desorden consiste en artículos más pequeños, como bolígrafos, clips o chucherías inútiles. Nos lleva un tiempo admitir que esto es un desorden porque los objetos son muy pequeños. Solo cuando se amontonan o se interponen continuamente en nuestro camino, empezamos a admitir lo obvio: es un desorden como la mayoría de las cosas.

- **Por último, no ignore la mayor superficie de su hogar**: el suelo. Es tan grande que rara vez nos damos cuenta si hay desorden en ella. Se puede alejar fácilmente hacia un lado y olvidamos que el desorden está ahí, especialmente porque está a nuestros pies. No se permita descuidar el piso de su hogar. Pronto su piso estará escondido bajo el desorden y usted tendrá que luchar para ir de la cocina al baño. Esto puede matar el entusiasmo y la productividad. Reserve el suelo para la alfombra, los pies y los muebles. ¡Retire todos los demás objetos!

5. Utilice pequeñas unidades de organización - Su hogar se beneficiará de un sistema de organización desarrollado para la disposición eficiente de las cosas. Estas pequeñas unidades organizativas consistirán en elementos que tienen un propósito relacionado. Estos artículos deben guardarse juntos en un lugar de almacenamiento específico, como cajones, contenedores o cajas. Esto hará que sea más fácil encontrarlos. Si necesita un par de tijeras, no tendrá que buscar en la caja de herramientas del garaje, sino en la pequeña caja de organización que contiene las herramientas de costura. Cuando esté buscando la unidad flash azul que contiene las fotos de graduación de su hijo, no tendrá que lanzar un grupo de búsqueda para encontrarla debajo de la cama. Estará en el cajón debajo de la mesa de la computadora. ¿No suena como el tipo de vida que quieres vivir?

Organizar sus pertenencias en unidades más pequeñas con funciones similares le ayuda a mantener un inventario de lo que posee, lo que necesita y lo que debe liberar. Es solo cuando reúnes toda la cinta adhesiva que tienes en un solo lugar que te das cuenta de que hay otros tres rollos de los que te has olvidado por completo. Esta técnica le ayudará a frenar la acumulación de materiales que pueden convertirse en un desorden si no se controlan.

Una vez que haya reunido todos estos suministros en sus diferentes grupos, es hora de tirar el exceso. Cinco martillos, siete pares de tijeras, diez juegos de cubiertos y todo esto para una familia de cuatro. ¿Realmente necesita todos estos artículos en su hogar? Reduzca el número de sus posesiones hasta que llegue a un número más razonable. Reclama tu espacio de todo este exceso. Revise estas colecciones y guarde solo los favoritos.

6. Dejar entrar una y dejar ir otra - El desorden puede resultar ser un proceso muy frustrante para las personas que no han aprendido a controlar la entrada de cosas en sus vidas. Usted podría haber hecho todo perfectamente, desde categorizar sus cosas y ponerlas en sus contenedores apropiados hasta mantener todas sus superficies despejadas, pero todavía puede encontrar que hay una falta de progreso. Todavía hay desorden en algunas partes de su hogar. Se preguntarán por qué es así. Piense en su hogar como un agujero y sostenga una pala, sacando arena del agujero. Excavas tan fuerte como puedes y exclamas con alegría una vez que ves que tu agujero es más grande que nunca, con más espacio del que podrías haber imaginado. Ahora imagínese a alguien más paleando más arena minutos después de que usted haya terminado. Pronto el agujero se llena de nuevo. Esto es lo que parece suceder cuando algunos de nosotros decaemos. Terminamos casi exactamente donde empezamos. Eliminamos el exceso, pero luego nos encontramos *todavía* con el exceso. No importa cuánta arena elimines si terminas llenándolo con más arena más tarde.

Para evitar que esto suceda, haga una cosa simple: cuando compre algo nuevo, deshágase de algo viejo. Por cada nuevo libro que llegue a su biblioteca personal, el menos favorito saldrá de la biblioteca. Es así de simple. Si un tazón de cerámica nuevo encuentra un espacio en el estante de la cocina, se debe regalar uno más viejo.

7. Establezca rutinas viables: En este punto, debido a la creciente excitación que viene con la imagen de un hogar destartalada, usted podría pensar que ha tenido todos los principios al alcance de la mano. Sí, hemos podido examinar a fondo algunas de ellas, pero no se detiene ahí. El desorden no es una actividad única en la que cuando terminamos, terminamos de por vida. El desorden siempre está esperando en su puerta preparándose para invadir nuevamente.

Tiene que estar alerta constantemente. Es como una hierba. Puede cortarlo todo lo que quiera, pero hasta que se aborde la raíz, siempre volverá a levantar su fea cabeza. La raíz del desorden está en tus hábitos. Lo que diferencia a un minimalista de un no minimalista son los buenos hábitos. Para tener éxito en el minimalismo, debe cambiar los hábitos que rigen su vida cotidiana.

La vigilancia es la clave. Vivir intencionalmente. Recuerde siempre actuar como un guardián y proteger su hogar de los excesos. Permitan que estos principios se conviertan en una segunda naturaleza para ustedes hasta que ya no puedan existir en presencia del más mínimo desorden. Bloquee los anuncios innecesarios en su navegador si es materialista y se deja influenciar fácilmente por los anuncios. Pague sus deudas y permita que su mente se vuelva más libre. Cancele las suscripciones que ya no son necesarias para su empresa para que su correo pueda permanecer organizado.

Practique su proceso de desencofrado hasta que se vuelva casi perfecto. Usted puede decidir un enfoque de un día a la vez. Deshágase de un artículo cada día. No tomará mucho esfuerzo ni tiempo. Solo sé consistente con él hasta que lo domines y se convierta en parte de ti. Algún día descubrirá que tiene el deseo de deshacerse de más de un objeto. Una vez que su donación o caja de basura esté llena, envíela a su destino especificado.

Finalmente, fije metas de declinación en su diario para que sepa cuánto progreso está haciendo. Marque sus metas a medida que las alcanza como una forma de auto aliento y motivación. No olvide apreciarse a sí mismo por los esfuerzos realizados una vez que alcance un nuevo hito. Celebre su resistencia durante todo el proceso y su mente se encenderá para hacer más. Solo asegúrate de que te diviertes con el proceso. Véalo como un juego - un juego que es capaz de cambiar su vida.

Preguntas que debe hacerse antes de comprar cualquier cosa

Mucha gente en este mundo moderno solo está tratando de ganar más dinero para poder comprar más cosas. Y algunos otros incluso están tratando de pagar la deuda que acumularon la última vez que derrocharon. No te enredes en esta forma de vida. Es un ciclo que nunca termina. Para asegurarse de que esto no ocurra, hágase las siguientes preguntas cada vez que sienta la necesidad de comprar algo:

1. **¿Estoy equipado financieramente para esta compra?**

Aquí es donde comienza. Si no tiene el dinero para la compra, ¿por qué lo está considerando en primer lugar? Considere la deuda que esto podría ponerle. Y considere a lo que está renunciando al comprar este producto. Si compras esto ahora, significa que no puedes comprar otra cosa en el futuro. ¿Esto lo llevará a saltarse una comida o a tener que vivir sin un producto más esencial?

2. **¿Necesito esto o solo lo compro porque está en oferta?**

Las compras por impulso son uno de los mayores asesinos del minimalismo y uno de los mayores imanes del desorden. Una necesidad genuina surgirá una y otra vez. Si no lo hace, entonces usted puede prescindir del artículo que satisface esa necesidad. Asegúrese de que todas sus compras sean planificadas y no solo una decisión improvisada. No se limite a comprarla tan pronto como la desee; dese tiempo para evaluar su situación y presupuesto por completo. Si lo estás comprando por una razón válida y es una compra necesaria, lo sabrás.

3. **¿Tengo ya algo similar a esto o puedo alquilarlo fácilmente?**

Antes de salir corriendo a comprar algo nuevo, comprueba que no tienes algo similar en hogar. Encontrará que algunos artículos de su hogar pueden ser reutilizados. En lugar de salir a comprar recipientes nuevos, ¿por qué no usar los más viejos que se pueden lavar y reutilizar? Si necesita una herramienta eléctrica para llevar a cabo un proyecto, puede alquilarla o pedirla prestada a un vecino en lugar de comprar una herramienta completamente nueva que probablemente solo se utilizará una vez cada seis meses. Al alquilar o reutilizar, usted se ahorra mucho dinero.

4. **Si no compro un producto de mayor calidad, ¿cuál es la probabilidad de que tenga que reemplazarlo?**
La "calidad sobre la cantidad" debería ser uno de sus mantras. La calidad del producto debe ser su mayor prioridad porque si usted termina con algo de calidad inferior, tendrá que desembolsar dinero para otro muy pronto. ¿Por qué no te ahorras el estrés y compras algo que dure mucho más tiempo? Pregúntate a ti mismo: "¿La calidad vale la pena el precio?" Tal vez usted quiere conseguir un nuevo conjunto de tapicería y se da cuenta de que las puntadas ya se están desabrochando en un lado. Antes de gastar todo su dinero, considere usarlo para obtener algo más duradero. Es pura alegría ver que un artículo que compró hace años sigue cumpliendo su propósito con poco o ningún desgaste.

La estrategia de la lista de deseos de 30 días

Una forma de hacer frente a compras innecesarias es emplear la estrategia de la lista de deseos de 30 días. El método aquí es simple: cada vez que sienta la necesidad de comprar algo, escriba el nombre de ese artículo en una lista. Esta lista puede estar en cualquier lugar: su teléfono, su diario o incluso una nota en el refrigerador. Cada vez que anote un elemento, anote junto a él la fecha. Esto servirá como un registro de sus impulsos de gasto y el día en que sintió cada uno de ellos. Lo que vas a hacer es esperar al menos 30 días antes de considerar comprar este artículo. Esto le dará mucho tiempo para investigar el artículo y para ver si todavía lo quiere después de que haya pasado mucho tiempo. Para compras más costosas, considere estirar 30 días a un período de tiempo más largo. Si usted decide que todavía quiere el artículo después de 30 días o más, y está seguro de que no posee ya un artículo similar, entonces siga adelante y cómprelo.

CAPÍTULO CUATRO - LIBÉRESE DEL DESORDEN EMOCIONAL Y MENTAL

Un mensaje corto del Autor:

¡Hey! Siento interrumpir. Solo quería saber si estás disfrutando del audiolibro *título del libro*. ¡Me encantaría escuchar sus comentarios!

Muchos lectores y oyentes no saben lo difíciles que son las críticas y lo mucho que ayudan a un autor.

Así que estaría increíblemente agradecido si pudieras tomarte solo 60 segundos para dejar un comentario rápido en Audible, ¡incluso si es solo una o dos frases!

Y no te preocupes, no interrumpirá este audiolibro.

Para ello, solo tienes que hacer clic en los 3 puntos de la esquina superior derecha de la pantalla dentro de la aplicación Audible y pulsar el botón "Evaluar y revisar".

Esto le llevará a la página de "evaluación y revisión" donde podrá introducir su clasificación por estrellas y luego escribir una o dos frases sobre el audiolibro.

¡Es así de simple!

Espero con interés leer su reseña. ¡Déjeme un pequeño mensaje ya que yo personalmente leo cada crítica!

Ahora te guiaré a través del proceso mientras lo haces.

Solo tienes que desbloquear el teléfono, hacer clic en los 3 puntos de la esquina superior derecha de la pantalla y pulsar el botón "Evaluar y Revisar".

¡Introduzca su clasificación por estrellas y listo! Eso es todo lo que necesita hacer.

Le daré otros 10 segundos para que termines de compartir sus pensamientos.

----- Espere 10 segundos -----

Muchas gracias por tomarse el tiempo para dejar una breve reseña de Audible.

Estoy muy agradecido ya que su revisión realmente marca una diferencia para mí.

Ahora volvamos a la programación establecida.

Manejamos varias maneras en las que podemos cuidar el desorden físico, pero el desorden no termina ahí. El desorden también ocurre en nuestra mente. Cuando las personas se quejan de inestabilidad emocional o depresión, es simplemente por el desorden emocional. Han ignorado el foco principal de la existencia y han comenzado a perseguir las cosas sin sentido en la vida - cosas que solo obstruyen la mente y no llevan a ninguna parte.

Los componentes básicos de la mente son los pensamientos. Una vez que nuestros pensamientos han sido manejados, entonces el desorden mental puede ser tratado. Estos pensamientos pueden ser positivos, negativos o neutrales y así como su hogar está llena de posesiones, su mente también puede estar llena de pensamientos. Si son pensamientos positivos, entonces usted está en el lado seguro. Pero ese no suele ser el caso. Desafortunadamente no es tan fácil lidiar con el desorden mental y emocional como lo es lidiar con el desorden físico. No puede simplemente descartar un pensamiento y esperar que no regrese. No funciona de esa manera.

A veces parece que estos pensamientos tienen mecanismos y mentes propias, y a veces pueden controlarte. El pensamiento constructivo es necesario para ayudar con la resolución de problemas, análisis, toma de decisiones y planificación, pero a pesar de todo esto, la mente puede producir negatividad de la nada. Esto forma una distracción interna del mundo físico que te rodea. ¿Alguna vez se ha encontrado con alguien en el metro que haya pasado su parada designada solo porque estaba en lo más profundo de sus pensamientos? Eso significa un peligroso desorden emocional. Poco a poco van perdiendo contacto con el mundo físico. Estos pensamientos negativos surgen en su mayoría como resultado de asumir que mientras más duro pienses en tus problemas, más fácil será para ti salir de ellos. Por supuesto, sabemos perfectamente que se trata de una ideología defectuosa, pero nos aferramos a ella. ¿Por qué? Es porque estos pensamientos ya han creado una fortaleza en la mente. Pronto descubres que has estado atrapado en un bucle constante de pensamiento arrepentido sobre tu pasado y ansiedad por el futuro.

Estos pensamientos se convierten en una parte tan integral de tu mente que empiezas a pensar que no hay nada que se pueda hacer al respecto. No puede apagar su cerebro y hacer que deje de procesar algunos pensamientos. Los pensamientos negativos son como un virus en una computadora. Puede reiniciar el sistema y sigue ahí cuando lo enciende de nuevo. Puede dormir, despertarse de nuevo, y sus pensamientos continuarán molestándolo. Tiene que lidiar con ellos antes de arruinarte la semana.

Todos tus pensamientos pueden estar inconscientes, pero puedes manejarlos practicando la intencionalidad. Tienes mucho más control sobre tu mente de lo que crees. Solo tienes que estar dispuesto a ejercer ese control. Una vez que hayas manejado tu desorden emocional, descubrirás una inmensa cantidad de creatividad e inspiración que te espera, escondida bajo todo ese desorden.

Factores que facilitan el desorden mental

Antes de empezar a tratar de lidiar con el desorden mental y emocional, es necesario que abordemos el problema de raíz. ¿De dónde emana todo este desorden?

- **Estrés**

El estrés puede fácilmente abrumarlo y dominar su motivación para vivir. El estrés está asociado con una variedad de problemas mentales como la depresión, la ansiedad y los ataques de pánico. Cuando se combina con preocupaciones, pensamientos negativos y otras preocupaciones que agobian nuestra vida diaria, el problema solo se multiplica. El sueño se ve afectado. Los problemas de control de la ira pueden aparecer. Los dolores de cabeza y de pecho están a la orden del día.

El estrés puede manifestarse de varias maneras, por ejemplo, en un ambiente de trabajo tóxico, violencia doméstica en el hogar o incluso en un niño problemático. Las cosas resultan ser tan complicadas e intensas que su mente pierde la capacidad de controlarse.

- **Un exceso de objetos de material**

Hemos tratado este tema en un capítulo anterior. Una vez que su vida y su hogar se obstruyen y se llenan demasiado de cosas, su mente comienza a sufrir. En la era moderna, estamos tan ansiosos de llenar nuestras hogares con posesiones inútiles que no tienen valor real y que pueden ser abandonadas. Todo esto contribuye al consumo de tiempo, se convierte en una fuga financiera y provoca ansiedad.

Las personas que se ven impulsadas a vivir sus vidas en base a la cantidad de posesiones físicas que poseen siempre están en el lado competitivo. Nada es suficiente para ellos. Siempre querrán mantenerse al día con las últimas tendencias sin importar lo que les cueste financiera o emocionalmente. Limpiar su vida de estas cosas en última instancia ayudará a frenar los efectos del pensamiento negativo y la ansiedad.

- **Una letanía de opciones**

Demasiadas opciones y variedad pueden llevar sutilmente a la depresión y la ansiedad. Al principio puede parecer la vida perfecta, tener un montón de opciones para decidir, pero con un análisis más detallado descubrirá la calidad no deseable de la misma. Lo que debería ser una decisión que se puede tomar en cuestión de segundos conducirá a días de agonizante contemplación. Una letanía de opciones es agotadora y estresante.

Prácticas que debe conocer para ayudarle a lidiar con el desorden mental

1. **Meditación**

Ciertos conceptos erróneos pueden disuadirte de practicar la meditación. La verdad es que no tienes que ser un monje budista, un psíquico o incluso una bruja certificada para practicar la meditación. No se asuste por las historias que escuchas sobre los habitantes de las cuevas que meditan durante meses a la vez. Hay niveles de meditación, y en este punto, solo vamos a abordar los niveles básicos de la misma. La meditación no pertenece a personas de cierta fe religiosa o inclinación espiritual.

Lo único es que la meditación y la razón para realizarla varían de un meditador a otro. Para este capítulo, la meditación será considerada una herramienta para ayudarte a controlar tu mente y tus pensamientos. Puede practicar la meditación en cualquier lugar que le apetezca. Usted no necesita necesariamente un ambiente tranquilo, pero debe ser capaz de lograr esa tranquilidad en el interior. De esa manera, será más fácil para ti ordenar tus pensamientos y escoger aquellos que deberían ser desechados. Los beneficios de la práctica de la meditación son numerosos, tanto para su bienestar físico como para el lado emocional de su vida.

El punto principal es practicar la meditación consistentemente. No se pueden cosechar todos sus beneficios sin una práctica constante. Comprométase a practicar la meditación a una hora programada todos los días. De esta manera, mejorará su capacidad para controlar los mecanismos de su mente y ponerlos bajo control.

La meditación no tiene que tomar mucho tiempo. Todo lo que tienes que hacer es encontrar un lugar y quedarte quieto. Establezca una hora específica todos los días en la que llevará a cabo su meditación y se apegará a ella. No elijas una posición demasiado cómoda para no quedarte dormido mientras meditas. Apague todos los dispositivos digitales capaces de producir ruido o cualquier distracción. Trate de calcular el tiempo usted mismo para saber cuándo ha hecho lo suficiente. Para los principiantes, cinco minutos son suficientes para meditar eficazmente.

Asegúrese de estar listo para el proceso, y nada más lo distraerá. Durante los próximos cinco minutos, concéntrese en su respiración. Cuente el número de respiraciones que hace dentro y fuera de su cuerpo. Observe cómo el aire lo abandona y regresa a las fosas nasales. Observe la elevación y la caída de su región torácica. Permita que su respiración fluya naturalmente; no trate de controlarla. Esto le ayudará a concentrarse. Al principio, es posible que tenga problemas para mantener la concentración, pero intente volver a prestar atención a la respiración cada vez que lo haga.

Cierre los ojos para evitar distracciones visuales. La meta de la meditación es cerrar los pensamientos de tu mente. Al concentrarse en la respiración, usted está desviando la atención de cualquier cosa que le cause estrés. Ondea los negativos y guarda los positivos para que puedas rumiar sobre ellos cuando llegue el momento.

2. **Lidiar con los pensamientos negativos**

Muchas personas pasan por la vida todos los días con pensamientos negativos flotando en la superficie de sus mentes. Se han convertido en víctimas de una inundación mental y si no se les presta atención, pueden ahogarse. Las voces negativas en sus cabezas hablan más y más fuerte hasta que no pueden oírse a sí mismos. A esta forma de negatividad se le puede dar fuerza y una fortaleza en la mente si no es desafiada en la etapa inicial.

El primer paso es notar estos pensamientos antes de que se salgan de control. Fíjese en el patrón con el que operan en su mente. Usted puede emplear estas estrategias para su beneficio:

a. **Esté atento**

No siempre necesita tener una reacción emocional a todos sus pensamientos. A veces debería salir de la escena y convertirte en espectador. Observe lo que sucede en su mente. Noten cómo sus pensamientos interactúan entre sí. No juzgue ninguno de estos pensamientos de manera negativa o positiva. Solo siéntese y observe.

b. Vea sus pensamientos por lo que realmente son

Aunque son lo suficientemente poderosos como para alterar facetas enteras de su vida, entienda que estos son pensamientos y nada más. No son reales por el momento, pero tienen la capacidad de volverse reales si no los manejas.

c. Poner un control de carretera

Uste es dueño de su mente, ¿verdad? Deben poder determinar qué entra, qué se queda y qué sale. Cada vez que te encuentres en un estado mental que te haga sentir incómodo, aprende a regañarte y a detener la reacción. Puede expresar su negativa a pensar esos pensamientos. Diga: "Me niego a ser atrapado por pensamientos negativos en esta red de distracciones". Construya muros alrededor de su mente, fortalezas que le servirán para protegerse cuando llegue el momento.

d. Conozca las causas

Cada pensamiento negativo en su mente es causado o desencadenado por un cierto factor. Puede ser una persona, otro pensamiento, una situación o incluso un estado físico. La próxima vez que te encuentres revolcándote en estos pensamientos, tómate el tiempo para averiguar qué fue lo que desencadenó los pensamientos. Lo más probable es que estén ahí tirados esperando a ser descubiertos y tratados.

Anote los principales desencadenantes que le vienen a la mente. Reflexione un rato sobre ellos y vea si puede encontrar alguna solución para ellos. Si es algo que puedes resolver por ti mismo, como la reconciliación de una relación arruinada o trabajar en tus propios defectos, entonces sigue adelante y lidia con estos pensamientos. Si descubres que no tienes poder sobre la situación en cuestión, como la incapacidad de viajar debido al mal tiempo o a un aborto espontáneo, decide ser feliz a pesar de todo. No causaste nada de esto, así que no hay necesidad de sentirte mal por ello.

e. Ocupa tu mente

Cada día que despiertas, te despiertas con la mente clara, una tabula rasa. Si la dejas vacía, la mente tiene una manera de crear algo que hacer por sí misma. ¿Alguna vez has notado cómo tu mente nunca está vacía, cómo en cada momento estás siempre rumiando y considerando un problema? La mente solo está inactiva cuando estás dormido, y eso si no se ve abrumada por los sueños. Así que una vez que despiertes, dale a tu mente algo creativo que hacer. Enfoque su poder mental en proyectos importantes que le ayudarán a alcanzar una meta a largo plazo. Date algo positivo de qué preocuparte, como cómo puedes obtener un doctorado. Si se encuentra atrapado en el tráfico, tome un libro, lea o busque una charla TED perspicaz y escúchela.

f. Someta su mente bajo su control

Usted es el jefe aquí. Su mente le pertenece, y nunca debe renunciar al control. Nunca dejes que pase a través de los pensamientos que no quieres procesar. Mantenga su mente bajo control para que cada vez esté satisfecho con el resultado que produce. Usted puede lograr esto practicando lo siguiente:

g. Identifique los pensamientos equivocados y reemplácelos: Los pensamientos equivocados son fáciles de identificar; pueden ser vistos a kilómetros de distancia. Una vez que tu mente comienza a procesarlas, notas que cierto tipo de peso se cierne sobre ti. Y son en su mayoría exagerados. Es curioso, los pensamientos equivocados son muy agradables de sostener. Acabas de perder tu trabajo a los 50 años y empiezas a pensar: "Soy un fracaso total. ¿Puede salir algo bueno de mí?" Sabes que no deberías estar pensando de esa manera, pero parece muy cómodo vivir en ese estado de ánimo. ¿Por qué? Bueno, nadie tiene pensamientos positivos después de una mala experiencia. Si examinan ese pensamiento de cerca y con veracidad, descubrirán que no es del todo cierto. Alguien en algún lugar te admira por lo que eres, independientemente de tu estado financiero actual.

En lugar de mantenerte en ese estado, ¿por qué no desafiar tus pensamientos negativos con pensamientos positivos? Asegúrate de que no eres un fracasado o un perdedor. Pensar que lo eres no te convertirá automáticamente en un éxito. Cuántas veces has ido a una entrevista de trabajo y uno de los entrevistadores dice: "Bueno, parece que siempre te has considerado un fracaso. Vamos a darte el trabajo para ayudarte a dejar de verte de esa manera". Eso no sucede. De hecho, las personas que engendran pensamientos negativos son siempre repulsivas para los demás. Por cada persona que ha dado un comentario negativo sobre usted o su trabajo, hay unos diez comentarios positivos más. Entonces, ¿por qué permites que ese comentario estropee tu estado de ánimo y corrompa tus otros pensamientos?

h. Acepte la situación, pero no se sienta cómodo con ella.

¿Qué haces cuando los pensamientos negativos que giran alrededor de tu mente son ciertos? ¿Cómo será capaz de hacer frente a la situación que desencadena estos pensamientos negativos? Es difícil desafiar los pensamientos negativos con positividad cuando la verdad te mira fijamente. Acaba de perder su hogar y toda su propiedad por el fuego. Sus calificaciones se están agotando y, a este ritmo, probablemente no se graduará.

Estos son pensamientos negativos sobre situaciones que no pueden ser eliminadas, pero usted puede reducir el efecto que tienen en su mente aceptando la situación en cuestión, no los pensamientos.

Sucedió, y no hay nada que puedas hacer sobre el pasado, pero puedes cambiar el futuro. No empiece a alimentar la culpa por su descuido, ni siga diciendo que las cosas podrían haber sido mejor. Solo está haciendo que su cabeza se empañe y atasque sus emociones. En este punto, su mejor apuesta para una solución es encontrar la paz mental.

Aceptar la situación le ayudará a identificar maneras de mejorar o resolver el problema en cuestión. Siempre hay un lado positivo, no importa cuán oscuro sea, y solo puede ser identificado con una mente clara.

i. Tome las medidas necesarias

La preocupación y la estrategia son dos cosas diferentes. Preocuparse es más fácil, pero sus resultados pueden ser perjudiciales para usted. La estrategia requiere energía mental que la mayoría de nosotros no estamos dispuestos a sacrificar. La verdad es que la preocupación no te lleva a ninguna parte; es mejor que emplees una estrategia. La desventaja de preocuparse es que se gasta tanta energía produciendo pensamientos negativos y nunca se llega a una solución. Toda la energía que gastó en preocuparse podría haber sido destinada a la elaboración de estrategias, y tal vez su problema ya estaría resuelto.

Identifique sus valores fundamentales

Un gran desafío al que se enfrentan las personas de esta edad es la incapacidad de identificar lo que es verdaderamente importante para su existencia. En nuestro mundo de hoy, hay tantas distracciones que nos quitan lo que necesitamos. Somos bombardeados por el marketing y los mensajes sin sentido, y rara vez vamos hacia adentro, conectándonos con nuestra voz interior. Estas cosas pueden convertirse en una sobrecarga tal que el proceso de priorizar nuestros valores se convierte en una tarea importante. Esto hace que sea muy necesario reevaluar lo que es más importante para nosotros cada día que pasa. Superar todo el ruido de la sociedad definiendo sus valores fundamentales.

Identificar sus valores fundamentales es una manera segura de ayudarle a combatir el desorden, tanto física como mentalmente. Estos principios lo ayudarán a gastar tiempo, energía y dinero haciendo las cosas que le ayudarán a largo plazo. La presencia de valores fundamentales le permite mantener la concentración. Es más fácil detectar distracciones. Muchas de las personas con mayores logros de nuestra era son personas que han identificado sus valores fundamentales. Una vez, durante una entrevista, Steve Jobs declaró que mantenía su guardarropa aerodinámico hasta simples cuellos de tortuga negros, jeans azules y zapatillas New Balance. ¿Por qué? Para que sus decisiones de vestuario no le quitaran mucho cerebro y pudiera concentrarse en lo que realmente importaba. Esa respuesta refleja la mentalidad de alguien que ha identificado sus valores fundamentales. Trate de imaginarse lo organizado y minimalista que probablemente se veía su armario.

Cómo identificar sus valores fundamentales

Los valores centrales no se seleccionan, sino que se descubren o revelan. Es fácil decir que la aptitud física es uno de sus valores fundamentales, pero ¿cuándo fue la última vez que hizo ejercicio?

Decidir sobre sus valores centrales puede ser una tarea desalentadora, pero lo que descubra sobre sí mismo le ayudará. En caso de que no estés familiarizado con el terreno de los valores fundamentales, vamos a repasar algunas listas e identificar algunos valores que te atraen. A partir de ahí, usted puede hacerlos más eficientes y convertirlos en sus opciones perfectas. Esto puede ayudarle a identificar sus valores fundamentales:

a. **Sus mejores experiencias**

¿Qué considera un momento muy importante en su vida? ¿Qué es lo que hace que ese momento destaque para usted? ¿Qué sintió ese mismo momento? ¿Qué valores entraron en juego para hacer de este momento un momento muy importante?

b. **Valores suprimidos**

Esto es lo opuesto al primero. Aquí, considere los valores que se cruzaron a través de usted cuando estaba más enojado e irritado. ¿Qué te enojó durante esos momentos? Esos son sus valores suprimidos. Parece que nunca vuelven la cabeza, pero siguen siendo tan relevantes como siempre.

c. **Lluvia de ideas**

La lluvia de ideas implica más bien una búsqueda general. Te haces preguntas que solo tú puedes responder. Escoja un bolígrafo y un bloc de notas y responda a estas preguntas:

- ¿Qué valores en otros me atraen más?
- ¿Qué es lo que más me motiva en la vida?
- ¿Qué es lo que más admiro de mí mismo?
- ¿Cuál es una virtud que nunca quiero perder?

Mientras respondes estas preguntas, seguramente encontrarás momentos de claridad y comprensión y encontrarás tus valores fundamentales esperando al otro lado de la reflexión.

d. **Pregúntale a la gente que te rodea**

A veces las personas que te rodean notan cosas que podrías ignorar sobre ti. Por ejemplo, alguien que es ordenado u organizado puede no entender necesariamente cuán ordenado u organizado es hasta que la gente lo señala y lo elogia por ello. Es como usar una marca de colonia en particular durante años. Pronto la fragancia se mezcla naturalmente con la nariz y los nervios olfativos no interpretan el olor porque lo han estado haciendo durante mucho tiempo. Hasta el día en que alguien se lo indique, es posible que nunca entienda lo mucho que se ha convertido en parte de ti.

Sus valores centrales son así. La gente ve sus valores incluso antes de que los note, por lo que sus opiniones pueden ser muy necesarias para ayudarlo a identificarlos. Busque a las personas inteligentes y observantes a su alrededor y pídales que lo definan y lo que creen que representa. Te sorprenderán las respuestas que recibas. No hay forma de que no pueda identificar sus valores fundamentales después de seguir estos pasos.

Todo lo que necesita saber acerca de cómo declarar sus relaciones

Necesitas gente en tu vida, pero a veces pueden ser grandes obstáculos. Una vez que sus relaciones comienzan a tambalearse, un desequilibrio se establece y pronto, usted es vencido por la angustia. La dolorosa pregunta: "¿En quién puedo confiar?" comienza a perseguirte.

Un dicho popular dice: "No estamos de acuerdo en estar de acuerdo". Los malentendidos y las reconciliaciones son algunos de los bloques que construyen y fortalecen una relación. Pero cuando estas interacciones lo dejan constantemente agotado y emocionalmente agotado, entonces ya es hora de que intente reparar los puentes rotos o eliminar a la otra parte de su vida.

Nunca entenderás la importancia de tener relaciones saludables hasta que trates de imaginar una vida sin ninguna forma de ansiedad relacionada con las personas que la habitan. Las personas más productivas son aquellas que han creado un equilibrio perfecto en cada relación, ya sea con su cónyuge, hijos, jefes o incluso con la persona que los acompaña en el tren.

El desorden en las relaciones puede acumularse en una variedad de formas, tales como discusiones de menor importancia, malicia, odio, envidia, celos y cosas por el estilo. Una vez que ganan suficiente terreno, te atascan la mente. Piense en la última vez que se sintió molesto por su mejor amigo, o cuando envidiaba tanto a alguien que podía saborear el descaro en su propia garganta. Piensa en lo apesadumbrado que se sintió tu corazón en esos momentos. Luego trate de recordar el sentimiento que tuvo cuando hubo un abrazo de reconciliación. ¿Puedes sentir cuán ligero era tu corazón en ese momento y las respiraciones profundas que tomaste después? Esa es la belleza de una mente decadente. El espacio se crea instantáneamente para algo más, algo que vale la pena.

No se trata solo de tener relaciones, sino de tener relaciones de calidad. Aquí hay otro dicho: "Es mejor hacer un verdadero amigo en mil años que hacer mil falsos conocidos en un año." La belleza de las relaciones no está en la cantidad sino en la calidad. Los ingredientes que componen una gran amistad incluyen:

- Intereses compartidos
- Respeto mutuo y confianza
- Comprensión y aceptación
- Apertura y honestidad
- Resolución saludable de conflictos

Crear relaciones es necesario para su existencia y es por eso por lo que es esencial que se tome su tiempo para elegir las relaciones en las que debe invertir. La razón principal por la que la pérdida de una relación duele tanto es por nuestra inversión emocional.

Para empezar, trabaje en sus relaciones. Empieza por ti mismo. Dicen: "Si quieres cambiar el mundo, empieza por ti mismo". Si quieres cambiar tus relaciones, debes empezar por ti mismo. Puede ser tan obvio y evidente que la otra persona en la relación también necesita hacer un cambio, pero ignore ese hecho y comience con su propio cambio. Le ayudará a sanar y a eliminar todo el desorden. Después de todo, usted no puede cambiar a los demás, excepto si ellos aceptan cambiarse a sí mismos o ser cambiados. Estas estrategias le ayudarán a construir relaciones más saludables:

1. INVIERTA EN SI MISMO (SU TIEMPO Y PRESENCIA)

Una vez vi a alguien colgar una foto de un amigo y ponerle un título: "Gracias por estar allí. Feliz cumpleaños." Era la primera vez que veía un mensaje tan corto en un mensaje de cumpleaños, pero era muy profundo. Esa palabra "allí" significaba mucho para la persona que había publicado la foto. Pero ¿qué quiso decir exactamente con "allí"?

"Allí" significa presencia y tiempo. Ese amigo estaba disponible cuando más lo necesitaban. Ese tipo de amigos son difíciles de ignorar u olvidar. Se ponen a disposición durante los momentos más oscuros de nuestras vidas. Están presentes cuando importa. ¿Qué tan presente estás en tus relaciones? ¿Cuánto de ti has invertido? Aquí le mostramos cómo invertir en una relación:

1. Preste atención

¿Cómo te sientes cuando alguien no está prestando atención a algo importante que estás diciendo? ¿Cómo se siente cuando sabes que no están escuchando algo que significa mucho para ti? Es desalentador en el mejor de los casos, y las posibilidades de que alguna vez quieras compartir una conversación con ellos son muy escasas. La verdad, por más amarga que parezca, es que probablemente también lo haya hecho, intencionalmente o no.

Esto sucede principalmente debido a las numerosas distracciones en la mente que tienden a monopolizar su atención. Esto hace que usted se concentre más en la multitud en su mente que en la persona que le está hablando. Aun así, eso no es excusa. Prestar atención es la voluntad de salir de todas esas distracciones y escuchar, no solo escuchar. Absorba al orador y sus palabras para que se sienta seguro y cómodo hablando con usted. Hágalo todo sobre la otra persona y lo que está diciendo. Haga que cada gesto cuente y trate de no parecer distraído. Estos consejos le ayudarán:

- Permita que el orador domine la conversación hasta que le pida su opinión.
- Evite interrupciones innecesarias, excepto si tiene algo realmente importante que decir.
- Escuche la historia completa antes de sacar conclusiones precipitadas.
- Mantenga sus gestos y expresiones faciales lo más neutrales posible.

Prestar atención puede parecer unilateral, como si el hablante es el único que se beneficia durante la interacción, pero aprender a escuchar y callar el ruido en su mente es un gran beneficio para usted. De hecho, es una forma de ayudarlo a despejar su mente y estar más presente.

a. Hable positivo y con ánimo

El idioma importa en cada conversación. No se apresure a derramar el contenido de su mente. Primero, sondearlos y anticipar una reacción antes de liberarlos. Los comentarios negativos son productos de pensamientos negativos y pueden ser perjudiciales para una relación.

Preste mucha atención a las cosas que dices durante una conversación. Puede parecer que no importa, pero la otra persona puede sentir de manera diferente. Reconozca que cada palabra es poderosa y puede crear un efecto diferente a lo que se pretendía. No digas: "Pero deberías saberlo, sobre todo con toda tu educación". Diga: "Fue un momento de aprendizaje para ti, y me alegra que hayas aprendido la lección". No digas: "Actuaste tan estúpidamente". Diga: "No creo que eso fuera lo correcto en ese momento". Habla con amor y compasión.

Dominar el arte de la comunicación compasiva hará que otros quieran hablar y relacionarse con usted. Resista la tentación de juzgar las acciones de otras personas. Póngase en su lugar y trate de entender por qué actúan de la manera en que lo hacen. Cuando domines el arte de ser amable en todas sus formas, las personas a tu alrededor reflejarán las mismas acciones, y tus relaciones florecerán aún más. Por supuesto, ya tienes una idea de lo bueno que será para tus emociones. Encontrarás paz en tu mundo interior, y se reflejará en el mundo que te rodea.

    b. Encuentre razones para amar

No importa lo mala que sea una persona, siempre hay una razón para amarla. Encuentra esa razón y aférrese a ella. Por supuesto, se nos ha dicho que amemos a la gente incondicionalmente, pero la naturaleza humana lo hace difícil de hacer. A veces es mejor encontrar razones para amarlos, incluso cuando parece que no deberían ser amados. Reducir los pensamientos negativos que tienes sobre las personas en tu vida puede mejorar significativamente tu relación con ellas.

Los estudios han demostrado que cuando pensamos positivamente en los demás, esto nos lleva a una mayor satisfacción en la vida, amabilidad hacia los demás en general, esperanza y entusiasmo para construir mejores relaciones. La forma en que usted decida practicar el arte del pensamiento positivo depende de usted. Puedes hacerlo meditando en su buen carácter, o puedes hacerlo diciendo cosas positivas sobre ellos. El objetivo de esta práctica es transformar su mente y declinar sus emociones.

    c. Elimine la comparación

La comparación es una prisión en la que mucha gente está encerrada. Compararse con los demás es una manera segura de evitar cualquier forma de progreso. Las comparaciones son terreno fértil para generar pensamientos negativos. "¿Soy lo suficientemente bueno?" "¿Tengo lo que se necesita para ser admirado como él o ella?" "¿Seré alguna vez tan atractiva?"

Estos pensamientos pueden acumularse y perder el control hasta que la baja autoestima tome el control de sus pensamientos. La mayoría de las veces, la comparación constante también puede llevar a un leve odio hacia la persona con la que se está comparando. Existe una alta posibilidad de que los veas como la razón de tu infelicidad, incluso cuando ésta es una acusación totalmente injusta. Y no hay manera de que puedas tener una relación saludable con alguien con quien te sientas así. Cada vez que los ves, algo se mueve dentro de ti. Su mente comienza a actuar de manera anormal.

Está en su propio viaje en la vida, y solo usted puede entender sus luchas. Esta es la razón por la que manejamos el tema de los valores fundamentales. Una persona que ha descubierto sus verdaderos valores fundamentales no puede ser afectada por comparaciones con otros porque ya tiene un enfoque. Los viajes de otras personas no les afectan.

No me malinterpreten, de vez en cuando las comparaciones pueden tener un giro positivo, y eso es algo que deben tener en cuenta. Use comparaciones para motivarse y trabaje más duro para ser una mejor persona. Las comparaciones pueden ayudarle a identificar los lugares de su vida que necesitan ser trabajados y mejorados. Pero cuando empiece a notar sus excesos, y tome un giro negativo, bájalo un poco. El esfuerzo mental involucrado en las comparaciones puede agotarlo. Nunca permita que crezca fuera de su control. Estos consejos pueden ayudarle a combatir la comparación:

- Acéptese a sí mismo

Ustedes son perfectos tal como son, no porque sean realmente perfectos, sino porque eligen creer que son perfectos. No puedes cambiar nada de ti mismo a menos que tengas cientos de dólares guardados en algún lugar para gastar en cirugía plástica. Buena suerte con eso y solo rezo para que no salgas con un aspecto más desordenado que antes.

En vez de luchar para cambiar quién eres, puedes hacer un trabajo rápido de aceptarte a ti mismo. Ninguna comparación o preocupación cambiará su identidad. La mayoría de las personas son más receptivas a las personas que se han aceptado a sí mismas por lo que son. La autoaceptación es la auto liberación y el auto empoderamiento.

- Mejorar lo que hay que mejorar

Cambia las cosas sobre ti mismo que pueden ser cambiadas. ¿Se siente inseguro acerca de su apariencia? Trabaja en tu vestuario o en tu peinado. ¿Has notado que más gente se siente atraída por alguien que sonríe? Luego trate de tener expresiones faciales más suaves. A veces, no importa cuánto lo intentes, es posible que nunca seas capaz de igualar a las personas con las que admiras y con las que te comparas. No te preocupes. Simplemente encuentre algo que lo haga excepcional y trabaja en ello. Sus valores fundamentales y las prioridades de su vida deben ser el factor principal para ayudarle a definir su vida. A veces nos atraen las cualidades de otros que no necesitamos. Tiene las piernas más largas. Entonces qué, ¿estás tratando de convertirte en un saltador de longitud? Eres escritor, así que las piernas más largas no deberían importarte. Concéntrese en sus puntos fuertes, en las cosas que lo hacen único. Alguien ahí fuera que ni siquiera conoces piensa que eres increíble gracias a ellos.

- Practique la gratitud

Hablé de esto en el capítulo tres, pero sigue siendo un consejo importante. Puedes olvidarte de sentir gratitud cuando te concentras demasiado en lo que tiene otra persona. Comienzas a ignorar las cosas hermosas que la vida te ha traído a tu camino, simplemente porque te estás perdiendo de otras pequeñas cosas.

La gratitud se trata de comprometerse con el lado positivo. Es un compromiso para crear alegría incluso cuando se siente que no hay ninguna. Hay cosas buenas en tu vida y nunca deben ser ignoradas. Concéntrese en ellos durante al menos tres a cinco minutos todos los días antes de acostarse o después de levantarse. Te aconsejo que hagas de la gratitud parte de tu rutina matutina, ya que es una gran manera de empezar el día, pero si tienes las mañanas ocupadas, una rutina de gratitud nocturna también funciona muy bien. Tómese un momento para pensar en lo bendecido que está. Puede ser sorprendentemente liberador.

2. LIBÉRESE DE SU PASADO

Llevar las cargas del pasado es una forma de evitar ver la luz en sus relaciones y en su vida en general. Usted puede haber estado en algunas relaciones tóxicas antes de ahora, pero hay un tiempo para dejar ir estos sentimientos persistentes. Es natural que la mente siga repitiendo escenarios y duela una y otra vez. Sin embargo, este proceso no debe tomar ninguna parte de nuestras vidas. Tener estos recuerdos una y otra vez puede crear pozos de ira, culpa y vergüenza. Estos pensamientos te mantienen atascado en el pasado, drenan la positividad en el presente y roban tu futuro. No solo desordenas tus emociones, sino que también aprisionas tu mente y obstaculizas su productividad.

Es difícil dejar ir el dolor del pasado, pero todavía se puede hacer. Mucha gente lo ha conseguido. Usted también puede. Los beneficios de dejar ir son enormes. No solo tendrás más positividad porque creas positividad, sino que también verás cosas más positivas en tu vida. ¿Por qué? Porque somos un imán para las circunstancias de nuestra vida. Exuda positividad y atraerá positividad. Entonces, paso uno, deja ir tu pasado. Pruebe los siguientes consejos:

a. Haga resoluciones y apéguese a ellas

La gente recibe una extraña cantidad de consuelo al regodearse en el dolor, pero siempre debemos resistir este impulso. No se resuelve nada. A veces las personas que sientes que han sido lastimadas no tienen idea de que alguna vez lo hicieron. Tome medidas y encuentre maneras de resolver cualquier problema que considere que necesita ser resuelto. Dedique tiempo para comunicarse con la persona y aclarar las cosas. No importa cuán fresco sea el dolor, debería tratar de hablar de las cosas en vez de soportar una carga inútil y obstruir tu mente.

No entre en el proceso de reconciliación con un corazón amargo. Esto solo dificultará el proceso de diálogo. La comunicación sana es primordial para que usted alcance una solución sensata; si no, su discusión puede ser hostil. La mayor parte del proceso implicará escuchar las quejas de la otra parte y comprender cómo se lastima. Habrá disculpas y un llamado al perdón, y luego una resolución final.

Mantenga una mente abierta mientras discute y resuelve los problemas. Cuando te concentras en tu dolor, tu perspectiva comienza a sentirse como el único ángulo verdadero, pero esto no es cierto en absoluto. Sea flexible y vea las cosas desde la perspectiva de otra persona. Ponte en el lugar de los demás. Hágase preguntas, tales como:

- ¿Qué hizo exactamente que esta persona se enojara y dijera lo que dijo?
- ¿Qué acciones o palabras suyas fueron malinterpretadas y tomadas de la manera equivocada?
- ¿Hay alguna posibilidad de que hayas interpretado mal la situación?

Sea lo suficientemente flexible para desafiar su propio punto de vista. La rigidez no te ayuda en tu empatía, solo se aferra a sus propias creencias, incluso cuando son incorrectas y poco útiles. Comprometer tu postura por el bien de tus amistades.

b. El perdón

Puede que nunca pidan perdón, pero perdonen de todos modos. Esto es por tu bien también, no solo por el de la otra persona. Cuantas más personas prometas no perdonar, más archivos y pestañas se abrirán en el navegador de tu mente. Imagina lo lento que sería tu ordenador si estuviera invertido en tantas cosas innecesarias como tu mente. ¡Es hora de cerrar algunas etapas! Aferrarse a toda esa basura solo te hace sufrir. ¡Libérate ahora!

Perdonar no significa que estás haciendo el tonto y permitiendo que alguien entre en tu vida y te lastime nuevamente. Perdonar es dejar ir todo el resentimiento y la ira para que ya no tengas veneno. El perdón es difícil de dar cuando la otra parte aún no se ha responsabilizado por sus acciones. Comprenda que están en un nivel inferior de comprensión y que no hay necesidad de inclinarse tan bajo o actuar en su nivel.

CAPÍTULO CINCO - LOS SECRETOS DEL MINIMALISMO FINANCIERO

Tan nuevo como le pueda parecer, el minimalismo financiero es un concepto real, y viene con beneficios reales. Algunos de nosotros podríamos haberlo practicado sin saber que estábamos siendo financieramente minimalistas. Mientras que la mayoría de nosotros nos enfocamos en la reducción de nuestras hogares y nuestro entorno físico, el minimalismo también puede aplicarse a la salud financiera. Todas las veces que te reprimiste de gastar extravagantemente, eso fue minimalismo financiero. Inscribirse en una economía sin dinero en efectivo es un minimalismo financiero.

El presupuesto, que es un aspecto importante del minimalismo financiero, le dará más claridad en sus gastos y le ayudará con sus prioridades financieras. El minimalismo financiero no se trata de gastar menos dinero, sino de gastar solo cuando sea necesario. Aboga contra el gasto siempre que te apetezca. El minimalismo financiero se trata de gastar intencionalmente, de mantener el control de cada centavo y de no dejar que ninguna cantidad se le escape de las manos.

Cómo el minimalismo puede ayudarle financieramente
1. El minimalismo financiero le ayuda a minimizar sus gastos

Con el minimalismo financiero, usted solo va a comprar los artículos o servicios que significan más para usted. Una vez que haya establecido sus prioridades de compra, naturalmente tendrá más control sobre sus hábitos de gasto. La manera en que usted gasta el dinero cambia cuando se enfoca en adquirir artículos específicos y no solo en vivir de improviso. Cuando usted gasta más intencionalmente, naturalmente comienza a ahorrar más dinero.

2. Menos exceso en su hogar

Una vez que usted es capaz de controlar sus gastos, usted controla automáticamente la acumulación de exceso en su vida. El minimalismo financiero le ayuda a mantener un registro de las cosas que ya posee para que no siga comprando lo mismo, creando desorden. Verás los resultados de tus gastos intencionales en el espacio en el que vives. Con el tiempo, se formará menos desorden y usted manejará su espacio mucho más fácilmente.

3. Le da más enfoque para sus metas financieras

El minimalismo financiero le ayuda a entender la importancia de un presupuesto financiero. Gastas con un plan, con un objetivo. La presupuestación ayuda a racionalizar sus gastos en función de sus necesidades actuales. También le ayudará a identificar las áreas en las que tiene que cambiar la forma en que maneja el dinero. Con menos dinero saliendo de sus cuentas, es mucho más fácil mantener sus metas financieras a la vista.

4. Libre de deudas

Una buena manera de simplificar su vida financiera es salir de deudas. De hecho, es difícil tener control sobre sus finanzas si todavía tiene muchas deudas. Las deudas pueden tener el mismo efecto en sus finanzas que el pensamiento negativo en su mente. Con el minimalismo financiero, será fácil para usted identificar los factores que conducen a la acumulación de deuda y abordarlos. Y, además, estará en una posición mucho mejor para pagar sus deudas ahora que está ahorrando más dinero gracias a su nuevo estilo de vida minimalista.

5. Dar se vuelve más fácil para usted

Cuando tiene más seguridad financiera, puede dar más sin restricciones. Gastas menos en ti mismo, por lo que puedes dar a otros cuando lo necesiten. Cuando practicas el minimalismo financiero, es más fácil para ti reconocer qué y cuánto puedes aportar. Mientras hace un presupuesto para el mes, puede reducir algunos gastos y donar el dinero extra en su lugar. De ese modo, lleva un registro de su dinero y sabe que no se desperdició nada.

Consejos minimalistas para ayudarle a lograr la libertad financiera

1. Identifique sus valores financieros

Usted debe saber las cosas que son importantes para usted cuando se trata de dinero. Será difícil para usted tener control sobre sus finanzas si aún no ha entendido sus valores. Tenga una idea clara de los hábitos de dinero en su vida que deben ser eliminados. Selecciona aquellos que necesitan ser adoptados y trabaja para asimilarlos a tus hábitos. Descubra cuáles son sus valores financieros y comience a racionalizar su presupuesto para que se adapte a ellos. Algunas prácticas que usted puede adoptar son:

- Nunca vivir por encima de tus posibilidades
- Eliminar la propensión a pedir préstamos
- Cumplir con un presupuesto
- Tener un fondo de emergencia

Con estas nuevas prácticas en su vida, le será más fácil eliminar lo que no es esencial entre sus gastos. Sus metas financieras se alcanzarán con menos estrés y la vida será aún más sencilla.

2. Tenga un fondo de emergencia

Tener un fondo de emergencia siempre es un salvavidas. La cantidad que usted deposite en él dependerá de cuánto gane, y no importa lo pequeño que sea su ingreso, asegúrese de que un porcentaje de él se destine al fondo de emergencia. Transfiera dinero a su fondo de emergencia y luego continúe con el resto del mes. No piense en ello como otra fuente de dinero para cuando quiera gastar. Como su nombre indica, está reservado para emergencias. Tiene que practicar una disciplina minuciosa si quieres tener éxito con ella. Siempre que tenga que sacarle provecho, asegúrese de agregarle más dinero más tarde para mantener un equilibrio razonable.

3. **Utilice ayuda digital**

Hay muchas aplicaciones fantásticas en la tienda de aplicaciones que te ayudarán a pagar tus facturas automáticamente sin causarte estrés. Todo lo que necesita es introducir su método de pago, la hora programada para el pago y la cantidad a pagar. Unos días antes de que se realice el pago, se le avisará de las deducciones recibidas. Algunas de estas aplicaciones también le ayudarán a llevar un registro de cuánto gastó en un servicio en particular durante un período de tiempo. Al hacer uso completo de estas aplicaciones, usted nunca tiene que preocuparse de hacer un pago a tiempo (¡y potencialmente crear deudas!), y usted ahorra un poco de tiempo cada mes.

4. **Desarrolle un sistema de presupuestación que funcione y manténgalo**

¿Quieres gastar menos de lo que gana? Entonces la solución es simple: necesita un presupuesto. El presupuesto le ayuda a administrar los gastos y nunca gasta más de lo que puede permitirse. Sin importar cuánto gane, el dinero que sale de sus manos cada mes nunca debe ser más de lo que entra; si lo es, corre el riesgo de tener más deudas. Suena como algo que todo el mundo debería poder hacer fácilmente, pero este no es el caso en absoluto.

Agrupe sus gastos en categorías para ayudarle a llevar un registro de cuánto gasta en cada categoría. Mantenga las categorías tan consolidadas como sea posible, para que la lista no crezca demasiado. Las categorías comunes incluyen servicios públicos, cuentas de teléfono, transporte, alquiler, comida y varios. El contenido de la lista variará de persona a persona debido a varias razones, pero deben compartir la igualdad racionalizada. Haga una lluvia de ideas y calcule cuánto gasta por mes en cada categoría y utilícela para crear su presupuesto final.

Una cosa es tener un presupuesto y otra cosa es atenerse a él. No cree un presupuesto con el fin de crear un presupuesto. Resista la tentación de sentarse y de repente sienta que todo va a salir bien. ¡Su trabajo no ha terminado! La disciplina debe atarlo a su presupuesto. Surgirán tentaciones e intentarán aflorar sus viejos hábitos, así que prepárense para esto. Mantenga su enfoque en sus valores financieros fundamentales y siempre tendrá éxito.

5. **Minimice la deuda**

En pocas palabras, "Deuda es dinero robado de tus ahorros futuros". Y quién dijo que viajar en el tiempo no era una cosa, cuando la gente se roba a sí misma cada día. Siempre puede encontrar la disciplina para evitar caer en deudas, sin importar lo apretada que pueda parecer la situación. Busque otras opciones. Cambie su mentalidad hacia la propiedad de cosas que usted puede permitirse en el momento presente, en lugar de comprar cosas a crédito e insistir en que se organizará más tarde. La paz mental que viene de no tener ninguna deuda es mucho más gratificante que la efímera subida que su compra impulsiva le dio.

6. **Encuentre mejores ofertas**

Siempre que necesite comprar algo, tómese su tiempo para investigar y encontrar las mejores ofertas. Puede tomar un poco de tiempo, pero el resultado final vale la pena. Seguirás recibiendo exactamente lo mismo, pero gastarás menos dinero. No se apresure a gastar los dólares que tanto le ha costado ganar solo porque pueda permitírselo. Ahorrar algo de dinero al encontrar la mejor oferta le dejará con más dinero después de la transacción. Puedes destinar esto a tus ahorros o comprar otra cosa que necesites. Te sorprenderá la cantidad de descuentos que se ofrecen. Solo tienes que encontrarlos. Y recuerde, aunque usted debe ir para el mejor reparto, cerciórese de que sigue siendo para un producto de alta o sobre el promedio de calidad.

7. **Deshágase de las distracciones**

Piense profundamente y trate de identificar todas las distracciones potenciales de su vida financieramente minimalista. ¿Cuáles son las tentaciones que te empujan a comprar cosas que no necesitas? Si estás suscrito a una tienda en particular que siempre te envía artículos convincentes que te llevan a comprar sus productos, entonces cancela la suscripción. Deje de seguir a los influyentes de las redes sociales que constantemente te tientan a comprar nuevos productos que no necesitas. Si hay algo o alguien en su vida que te hace sentir que su vida está incompleta, elimine a esa persona. No se arrepentirá y no será menor por ello. Con estas distracciones fuera del camino, finalmente usted puede concentrar toda su atención en hacer lo correcto según sus finanzas y su vida.

CAPÍTULO SEIS – ORGANIZACIÓN AVANZADA EN SU HOGAR

Ahora es el momento de que pongas en práctica todas tus nuevas habilidades de la organización. En este capítulo, repasaremos las distintas habitaciones del hogar. Le daré algunos consejos sobre cómo deshacerse del exceso en estas habitaciones y derrotar el desorden al instante. Comience desde la habitación que le resulte más cómoda o la habitación con más desorden. Es tu decisión. Solo asegúrese de que realmente comienzas el proceso y te mantienes al día con él. No tiene que seguir el orden exacto que voy a detallar aquí. En este punto, los principios decadentes que estudiamos en el capítulo tres serán muy importantes. Utilícelos para guiarle a través del proceso de despeje de cada habitación. Los consejos en este capítulo serán solo los básicos.

Una guía de limpieza de habitación por habitación
1.   SALA DE ESTAR
Primero, visualice su sala de estar como usted quiera. Identifique los muebles que desea conservar y los que va a dejar. Descubra todas las cosas que deberían estar en los estantes y en los espacios de la superficie.

Luego, empiece a deshacerse de todas esas cosas que le impedirán a su sala de estar ser la sala de estar perfecta. Purgar los artículos innecesarios un día a la vez hará un impacto dramático y transformará su sala de estar en cuestión de días. Considere los valores que cada elemento aporta al ambiente general de la sala de estar. Hágase preguntas sobre cada artículo. ¿Los objetos decorativos realmente proporcionan la alegría y la satisfacción que se han atribuido a su presencia? ¿Se han vuelto demasiado viejos y anticuados? ¿Están un poco desgastados? Y lo más importante, ¿te gustan o son regalos que te *tienen que* gustar?

Envía todo a su espacio. Averigüe las áreas para almacenar sus DVD, juegos y computadoras. Asegúrese de que todos los demás objetos de la sala de estar se mantengan en su área apropiada. Todas las superficies deben permanecer despejadas, y no se deben encontrar objetos perdidos en superficies que no les pertenezcan. Las superficies en cuestión incluyen mesas de centro, mesas auxiliares y escritorios. El suelo de la sala de estar también debe estar ordenado.

Establecer un límite para el número de muebles y materiales decorativos que existirán en el salón en un momento dado. Limite las cosas que se recogen en la sala de estar. Muestre menos artículos para que la atención no se divida y el desorden no comience a formarse de nuevo. Este es el espacio en el que recibirás a los invitados, así que ten en cuenta la impresión que tu salón está dejando en las personas que te visitan.

2. **DORMITORIO**

El dormitorio es una de las partes más desordenadas de la hogar. Como es una de las habitaciones más privadas de la hogar, pensamos que podemos hacer cualquier cosa aquí y no importará. Sí que importa. Tal vez no para tus invitados, pero está afectando tu capacidad de descansar en esta habitación.

Antes de comenzar a decaer, tómese un momento para imaginarse cómo quiere que se vea su dormitorio después del proceso de desorden. ¿Qué tipo de habitación imaginas? Comienza a quitar todas las cosas que crean desorden.

Usted debe seleccionar los artículos que desea conservar, donar o tirar a la basura. Usted se encontrará con artículos que deben ser llevados de la habitación a otra habitación donde servirán para propósitos más importantes. Clasificarlos en su propio montón y sacarlos más tarde, para organizarlos en su nueva hogar.

Dividir el dormitorio en zonas es muy fácil. Habrá un espacio para dormir, vestirse y, para algunos, trabajar. Ordene las cosas de la sala en sus diferentes espacios y organícelas de forma ordenada. Mantenga las cosas que necesitará más a menudo cerca de usted, en algún lugar de su mesita de noche.

Trate con las superficies y planifique los artículos que se deben encontrar en ellas todos los días. La cama es la superficie más importante de la habitación y es necesaria para su bienestar. Siempre debe mantenerse lo más claro, limpio y organizado posible. Elimine todo el desorden que se está formando en su cama. También debe organizar su guardarropa para que sea más fácil manipular su ropa y evitar que llegue a la cama.

3. **COCINA**

La cocina es el motor de la hogar. Si está en desorden, todos en la hogar lo sienten. Faltarán cubiertos, cerámicas rotas, obleas de polvo debajo de los gabinetes y plagas en cada esquina. Debido a que los productos perecederos y los alimentos se mantienen en esta habitación, usted debe mantener este espacio limpio. De lo contrario, puede empezar a atraer a pequeños huéspedes no deseados, en forma de roedores o cucarachas. Debido a su importancia, la cocina está llena de muchos electrodomésticos y otras herramientas. Una vez que los objetos en esta habitación se convierten en un desorden, la funcionalidad de este espacio se ve socavada.

La belleza de cada cocina está en su amplitud y en la disponibilidad de encimeras claras. Eso es lo que hace que sea deseable cocinar aquí. Piense en lo hermoso que será tener sus gabinetes y estantes organizados de la manera más acogedora.

Lo primero que debe hacer es vaciar cada gabinete o estante en la cocina. Incluso si está seguro de que devolverá un artículo a este espacio, retírelo. Es posible que no sepa cuánto espacio ocupa solo por estar en ese lugar. Además, quitar todo brinda la oportunidad de limpiar el gabinete.

Clasifique los artículos y encuentre los que deben guardarse, donarse o tirarse a la basura. ¿Cuándo fue la última vez que usó un aparato en particular? ¿Aún está funcionando? Con cada artículo que elija, hágase estas preguntas importantes que le ayudarán a llegar a una conclusión sobre el futuro de cada artículo.

Si nunca ha categorizado los artículos en su cocina, debe hacerlo ahora. Divídalos en grupos como artículos para hornear, herramientas de corte, electrodomésticos y tazas. Encuentra todos los excesos y colócalos en la caja de donaciones.

Consejos para deshacerse del desorden sentimental

Algunos objetos sentimentales merecen ser guardados. Como el abrigo de piel de un pariente fallecido o una preciada antigüedad, pero afrontémoslo, hay algunas cosas sentimentales que necesitan desaparecer. ¿Realmente necesita las viejas guitarras de su exnovio? ¿O las tazas viejas e increíblemente feas de su madre (sin importar cuán fallecida esté)? Probablemente no. Incluso si usted sabe que no los quiere o no los necesita, puede ser difícil deshacerse de ellos. Tenga en cuenta estos consejos:

- **Elimine toda culpa**

A veces no tiramos objetos sentimentales porque nos sentimos culpables. Piensa de dónde proviene esta culpa. ¿Es el objeto en cuestión algo que una vez perteneció a un pariente antiguo? ¿Te sientes mal porque es como si estuvieras tirando un pedazo de ellos?

Corta este pensamiento de raíz. Las personas no son sus posesiones. Lo más probable es que usted tenga algo más de ellos que es mucho más útil y que no crea tanto desorden. No estás haciendo daño a nadie aquí, así que no te sientas culpable.

- **Enfóquese en un aspecto diferente de la memoria**

Otra razón por la que mantenemos las cosas sentimentales es porque están apegadas a un cierto recuerdo. Esto tiene mucho sentido. Por suerte para usted, no tiene que tirar el recuerdo si tira el objeto. Si va a tirar un elemento conectado a una memoria, considere escribir un asiento de diario sobre la memoria en su lugar. Inmortalízalo de esa manera. O mira las fotos antiguas de este recuerdo. Digamos que se está aferrando a las tazas feas de su madre porque solía beber su café favorito de ella. Bueno, espere un segundo, también vive en la casa donde su madre solía tomar su café favorito en sus feas tazas. Ver la cocina como la conexión a este recuerdo en su lugar.

- **Dáselo a otra persona**

Si usted conoce a alguien más que podría querer este artículo, considere dárselo. De esta manera, no tiene que ver el objeto en la basura. Alguien por ahí todavía lo tiene y aún lo aprecia. Y si el objeto es algo que pertenece a otra persona en primer lugar (como un exnovio), ¡entonces devuélvelo! No sirve de nada aferrarse.

La mejor manera de decorar y diseñar un hogar minimalista

Al decorar su hogar minimalista, debe tener en cuenta tres factores importantes:

a. Calidad
b. Espaciosidad
c. Superficies claras

Estos factores son más importantes que la belleza subjetiva de sus artículos decorativos. Al tener en cuenta estos factores, casi cualquier elemento decorativo puede parecer atractivo. Use estos consejos para empezar:

1.   Elija colores neutros

Los disturbios de color a veces pueden aparecer como un desorden. Trate de mantener sus combinaciones de colores tan simples y neutrales como sea posible. Busque colores que inspiren una sensación de calma, sea lo que sea que signifique para usted. Puede que no sea del mismo color para todos, pero rara vez es brillante o de color neón. Esto no significa que no puedas experimentar con los colores y ser creativo; solo significa que primero debes estudiar los colores que deseas, pensar en cómo te afectan esos colores y averiguar si funcionan bien juntos. Pregúntese si la combinación es fácil para los ojos. Recuerda, este es tu espacio privado de descanso. Es absolutamente vital que pueda relajarse aquí.

2.   Calidad sobre cantidad

Usted debe considerar cada pieza cuidadosamente antes de dejarla entrar a su hogar. Trabaje con pocos objetos mientras decora su hogar, pero asegúrese de que cada objeto sea de una calidad razonable o alta. Su objetivo es crear un espacio cómodo en el que cualquiera se sienta cómodo. Elija diseños bien hechos y construidos para durar. Ya que usted usará mucho estos objetos, es importante que sobrevivan a más de unos pocos usos.

3.   Traer a la naturaleza

Las flores y el verdor añadirán un hermoso toque de naturaleza a su salón y cocina. Los colores de las flores u otras plantas también se añadirán al esquema de color general de su hogar. Téngalo en cuenta a la hora de elegir sus piezas naturales. Lo maravilloso de las plantas es que aportan tanta belleza y duran tanto tiempo como usted pueda cuidarlas. ¡Esperemos que sea mucho tiempo! Sé bueno con tus plantas.

4. **Accesorios interesantes**

Los accesorios de una habitación pueden cambiar todo el aspecto de la habitación. Un accesorio en este sentido es cualquier cosa que se añade a una habitación para darle un valor estético. Agregue uno o dos accesorios o decoraciones bien seleccionados, como arte mural, espejos, velas, marcos y alfombras. Trabaje con variedades, pero trate de mantener el equilibrio mientras trabaje en su espacio.

5. **Manténgalo simple**

La belleza del minimalismo está en su simplicidad. Adopte el enfoque de "menos es más" en su decoración interior. Continúe teniendo en cuenta el espacio mientras trabaja. Su espacio no tiene por qué ser aburrido. De hecho, las decoraciones minimalistas cuando se hacen bien pueden ser mucho más hermosas que las hordas de decoraciones que te miran desde cada esquina. Solo hay que dar un paso a la vez y asegurarse de estar totalmente comprometido con la estética minimalista.

CAPÍTULO SIETE – DESORDEN DIGITAL

Desde que el mundo se digitalizó, nuestras vidas se han vuelto más cómodas, nos hemos vuelto más productivos y la difusión de la información es ahora más rápida. Pero hay un inconveniente: también nos hemos obsesionado con la electrónica y los dispositivos digitales. La devoción que mostramos a estos pequeños aparatos ha llegado a una etapa alarmante. Las cosas que fueron producidas para que las controlemos ahora se han convertido gradualmente en nuestros amos.

He aquí una imagen rápida: horas en medios sociales, cientos de correos electrónicos no leídos en nuestras bandejas de entrada, un escritorio repleto de carpetas y archivos, dispositivos de almacenamiento llenos de cientos o incluso miles de fotos, música y vídeos. Es abrumador, por decir lo menos. Nunca lo supimos hasta que el desorden digital se convirtió en un tema importante.

Dado que pasamos la mayor parte de nuestro tiempo en el mundo digital, ¿no tiene sentido mantener también nuestras vidas digitales declinadas? ¿No tiene sentido mantener nuestros dispositivos, que hacen nuestras vidas mucho más fáciles, funcionando tan bien como sea posible? ¿Qué cantidad de cosas (documentos, archivos y carpetas) guardadas en su espacio digital necesita realmente? ¿Cuándo fue la última vez que limpió su teléfono o computadora?

Aparte del desorden en nuestros dispositivos digitales, también hay desorden que puede formarse por nuestra dependencia excesiva de estos dispositivos. Pasamos horas conectados a estos aparatos que ahora definen nuestros momentos felices y tristes. Apague su computadora o teléfono y haga algo más exigente física o mentalmente. Aunque trabajes desde un portátil la mayor parte del tiempo, dedica al menos una hora al día a hacer algo diferente, como leer un libro, dar un paseo, hablar con otro ser humano o incluso hablar contigo mismo. Vive en el mundo real, no solo en el mundo digital.

Los principios del minimalismo digital

- **Sus dispositivos deberían hacer su vida más fácil, no más difícil.**

Es por eso por lo que fueron inventados en primer lugar, después de todo. Nuestro teléfono y nuestra computadora deberían estar ayudando a que nuestras vidas funcionen mejor, con mayor facilidad. Deberían ayudarnos a superar los obstáculos, no a crear más. No está viviendo según este principio si encuentra que gran parte de su tiempo es ocupado por su dispositivo. Considere si el tiempo que pasa en su dispositivo es más que el tiempo ahorrado a través de sus funciones funcionales.

- **El uso de su dispositivo debe ser intencional, no adictivo.**

¿Con qué frecuencia coge el teléfono por hábito y ansiedad, y no porque quiera llevar a cabo una acción específica? Hay una diferencia entre abrir el dispositivo para enviar un correo electrónico y abrir el dispositivo porque necesitas hacer algo, cualquier cosa, con las manos. Intenta usar tu dispositivo solo si hay algo muy específico para lo que lo necesite.

- **Siempre priorice a las personas antes que a las máquinas.**

Este debería ser un hecho, pero no lo es, para tanta gente. Siempre pensamos que nos estamos conectando con la gente porque estamos hablando con ellos en Internet; Si bien eso es cierto a veces, también tendemos a ignorar a las personas que están frente a nosotros para hacer esto. ¿Su adicción a su teléfono se interpone en el camino de sus interacciones cotidianas? ¿Cuántas veces te encuentras desplazándote mientras estás en compañía de alguien que intenta hablar contigo? Nunca deje que sus máquinas se hagan cargo.

Consejos importantes para vencer el desorden digital

1. **E-mails**: Una bandeja de entrada desordenada es suficiente para abrumarte, cuando todo lo que intentas hacer es revisar tus últimos mensajes. El problema se agrava cuando tiene varios correos electrónicos para diferentes propósitos. Si ese es el caso, entonces tome un correo electrónico a la vez.

Primero, revise las diferentes categorías (su bandeja de entrada, bandeja de salida, borradores, correo enviado, etc.) y elimine todo lo que no necesite. Es un trabajo tedioso, pero vale la pena. Encontrará correo que ha estado allí durante años y correo al que respondió hace mucho tiempo. Trabaja en tus listas de contactos. ¿Qué servicios le envían la mayoría de los correos electrónicos y por qué? ¿Encuentras los correos electrónicos útiles de alguna manera o simplemente te llevan a comprar cosas que no necesitas? Si esto aumenta el desorden, entonces no se suscriba, bloquee o elimine.

Adopte el nuevo hábito de revisar su correo una vez por la mañana y una vez por la noche, en lugar de hacerlo a intervalos aleatorios. De esta manera, el desorden digital no se acumula. Limpie su bandeja de entrada de correos electrónicos innecesarios todos los días para que el desorden no comience a acumularse nuevamente. Cada semana, revise sus correos electrónicos enviados y elimine los que necesitan ser eliminados. Cultive estos hábitos y prácticas, y asegúrese de no volver a los viejos hábitos de ignorar el desorden digital en su correo electrónico.

2. **Redes sociales:** el desorden en las redes sociales puede manifestarse de varias maneras. Primero, hay una acumulación de amigos y personas innecesarias en su lista de 'seguidores'. A veces te conectas y ves publicaciones de personas que apenas recuerdas cómo las conociste. A veces puede sentir este manto de culpa sobre usted cuando desempaña o elimina algunos contactos, pero no hay una buena razón para esto. Este es un hábito saludable para su vida digital. No es necesario mantenerse en contacto con alguien que apenas conoce, especialmente si lo que publica es molesto o irrelevante para su vida. Bórralos y no te sientas mal,

Limpiar sus cuentas de medios sociales en varias plataformas le ayudará a establecer sus prioridades y le proporcionará información relevante, imágenes y actualizaciones de estado que realmente le interesan. Su mente también se beneficia de esto porque tendrá menos desorden visual con el que lidiar, y puede enfocarse en lo que a usted le gusta.

El mismo método se puede aplicar en todas las plataformas de medios sociales. Agilice todas sus suscripciones y siga las páginas necesarias. Conecte sus cuentas entre plataformas para que su experiencia en Internet fluya con facilidad.

Por último, no se deje consumir por los medios sociales. Estas plataformas, incluso con todos sus numerosos beneficios, consumen su tiempo. No pase más de diez minutos a la vez en cada plataforma. Haga lo que ha venido a hacer y retírese. Solo se le permite pasar más tiempo de lo normal si está dirigiendo un grupo de apoyo en Twitter o si está ganando dinero con la publicación de anuncios en Facebook. Si no le beneficia emocional, mental o financieramente, entonces no tiene por qué pasar más de una hora al día revisando una aplicación.

3. SU COMPUTADORA O LAPTOP

La mayoría de los sistemas informáticos son depósitos de chatarra digital. ¿El tuyo es uno de esos? Solo usted puede responder. El proceso de decodificación comienza con la limpieza de su escritorio.

Piense en su escritorio como su estacionamiento o su entrada. Es una introducción a su hogar digital. De hecho, simplemente mirando el nivel de organización en algunos escritorios, puedo decir cuán organizados están los propietarios. Hay muchos iconos de escritorio que no se utilizan. Eliminarlos: accesos directos, carpetas y archivos. Si hay documentos que aún cree que serán importantes para usted en el futuro, tiene la opción de hacer una copia de seguridad en el almacenamiento en nube. Pero tenga cuidado, para que su almacenamiento en la nube no se vea afectado por la transferencia de desorden. Solo haga una copia de seguridad de los archivos que definitivamente necesitará en el futuro.

Mantenga todos los iconos dispuestos en el lado izquierdo del escritorio y asegúrese de que no ocupen más de tres filas a la vez. Si hay archivos que se reabren ocasionalmente, colóquelos en una carpeta y nómbrelos. Ordene todo en su escritorio por categoría.

A continuación, desinstale los programas que no utilice con frecuencia. Libere espacio en su disco duro para que su sistema pueda funcionar sin problemas. Asegúrese de que cada una de las aplicaciones instaladas en su sistema sea una que se utilice con frecuencia, y no solo que ocupe espacio sin motivo alguno.

Enfóquese en categorizar sus documentos en carpetas relevantes para que sea más fácil encontrar cada uno de ellos cuando sea necesario. Necesitará concentración para este y quizás un bolígrafo y un libro para anotar el nombre de cada nueva carpeta y los archivos que contiene. Con sus documentos ordenadamente organizados en su computadora, será más fácil para usted navegar a través de su sistema. El objetivo es revisar cada carpeta y deshacerse del exceso de documentos innecesarios.

Mantenga el estado despejado de su equipo eliminando constantemente los archivos innecesarios que no necesite. Conviértase en un gatekeeper y realice un seguimiento de todos los archivos descargados. Manténgalos organizados en la carpeta de descargas para que puedan ser borrados fácilmente cuando llegue el momento.

CAPITULO OCHO - PERFECCIONANDO LA EXPERIENCIA DEL MINIMALISMO

Un mensaje corto del Autor:

¡Hey! Hemos llegado al capítulo final del audiolibro y espero que lo hayan disfrutado hasta ahora.

Si aún no lo has hecho, estaría muy agradecido si pudieras tomarte un minuto para dejar un comentario rápido de Audible, ¡incluso si se trata de una o dos frases!

Muchos lectores y oyentes no saben lo difíciles que son las críticas y lo mucho que ayudan a un autor.

Para ello, solo tiene que hacer clic en los 3 puntos de la esquina superior derecha de la pantalla dentro de la aplicación Audible y pulsar el botón "Evaluar y Revisar".

A continuación, se le llevará a la página de "evaluación y revisión", donde podrá introducir su clasificación por estrellas y luego escribir una o dos frases.

¡Es así de simple!

Espero con interés leer su comentario, ya que yo personalmente leo cada uno de ellos.

Estoy muy agradecido ya que su revisión realmente marca una diferencia para mí.

Ahora volvamos a la programación establecida.

El minimalismo no es solo un estilo de vida; es una experiencia. Todo lo que hacemos contribuye al viaje en general. Estas son las experiencias que usted debe buscar, las experiencias que usted debe gastar su dinero cuando no está gastando en cosas inútiles. Las posesiones y la propiedad gratifican el cuerpo mientras que las experiencias dignas deleitan el alma y la mente. El alimento del alma y de la mente es importante para el bienestar del cuerpo. Es por eso por lo que es imposible sentirse atraído por una persona loca, no importa cuán hermosos sean sus cuerpos.

Abastecer nuestras vidas y hogares con los últimos gadgets parece satisfactorio porque le proporciona la emoción de una nueva compra, pero esto solo dura un corto período de tiempo. La emoción se apaga, y te quedas en el mismo lugar en el que te encontraste una vez: buscando otro objeto que te dé la misma emoción. El ciclo continúa y nunca estás más satisfecho de lo que estabas antes. Hay mejores maneras de gastar su dinero.

Por qué necesitamos más experiencias que cosas materiales
El dinero gastado en la experiencia es dinero gastado en nutrir el alma. La alegría de las experiencias dura más que la alegría fugaz de comprar cosas. Esta es la razón:

a. **Las experiencias ayudan a solidificar sus propios propósitos y pasiones.**

Todo lo que usted hace y en lo que gasta su dinero debe influir en tu futuro e impulsarlo hacia su propósito y sus pasiones en la vida; las posesiones materiales rara vez te obligan a hacerlo. Si está obsesionado con el montañismo, poseer cien libros sobre el tema o una docena de trajes de montañismo nunca puede equipararse a una expedición de montañismo. Las posesiones materiales solo alimentarán su imaginación con respecto a la experiencia, pero la experiencia es lo que realmente alimenta su alma y lo satisface. Esta es la razón por la que la gente va en viajes de carretera para ver el país por sí mismos, no a través de fotos. Es por eso por lo que la gente va a los festivales de música; para ver a sus artistas favoritos actuar en persona y no solo escuchar la misma vieja grabación.

b. **Las experiencias compartidas pueden fomentar las relaciones**

Una experiencia compartida es una parte de lo que compartes. Es tan simple como eso. Es un vínculo que permanece mientras ambas partes estén vivas. ¿Alguna vez se ha visto a si mismo sonriendo porque le ha venido a la mente el recuerdo de una experiencia compartida? Es una sensación maravillosa, ¿verdad? Las experiencias compartidas con la gente las hicieron más cercanas a usted. Piense en todas las amistades cercanas que tiene y trate de averiguar qué es lo que hace que la amistad sea fuerte. Las posibilidades de que esas amistades florezcan con el tiempo son altas gracias a una experiencia compartida poderosa o a una serie de experiencias compartidas. Una vez que te encuentras con gente con la que has compartido sus experiencias, nunca hay un momento aburrido. Hay muchos recuerdos compartidos entre las dos partes, y las conversaciones pueden durar horas.

c. **Las experiencias te presentan cosas nuevas**

Una vida sin nuevas experiencias es una vida aburrida desprovista de aprendizaje y expansión de la mente Las experiencias pueden enseñarte la importancia de la vida y la amistad, y pueden darte una nueva perspectiva del mundo. Todos los que alguna vez han experimentado un cambio real y transformador lo han hecho gracias a una experiencia singular. Cada día la gente está descubriendo su propósito en la vida debido a las experiencias, algo que nunca habrían sabido si hubieran perseguido las posesiones en su lugar.

d. **Las experiencias de antojo eliminarán las preocupaciones asociadas con la compra de cosas**

En un capítulo anterior, establecimos el grado de ansiedad y preocupación que conlleva la compra de cosas nuevas. ¿Y si me robaron? ¿Y si me roban? ¿Y si este iPhone que compré por $999 de repente cae en un cubo de agua? Los "qué pasaría si" son numerosos y te vuelven paranoico. Se necesita tanta energía mental que te estresas. Eso no quiere decir que nunca debas comprar cosas nuevas y consentirte de vez en cuando, pero buscar experiencias reducirá en gran medida estas preocupaciones. Una vez que haya ahorrado algo de dinero y haya preparado sus suministros, puede hacer planes y seguir cualquier experiencia sin preocupaciones. Esa experiencia nunca le será quitada. Una vez que la obtienes, es suya para siempre, a diferencia de todas sus posesiones materiales.

Experiencias que son mejores que cualquier objeto material que pueda comprar

1. Viajes

¿Cuánto tiempo ha permanecido en la ciudad o pueblo donde vive actualmente? Muchas personas se sienten cómodas permaneciendo en un mismo lugar durante más de una década sin cruzar las fronteras. El hecho de que su lugar de culto, un centro comercial, una escuela, una biblioteca y posiblemente un cine estén disponibles en su lugar de residencia no significa que no haya ninguna razón para aventurarse a salir. Los medios sociales han empeorado esta situación ya que puedes quedarte en tu habitación y sentirte como si hubieras viajado por todo el mundo a través de Internet. Pero hay más en el mundo que la ciudad en la que vives. Salga y compruébelo usted mismo. No dependa de las fotos.

El sentimiento de estar en un país diferente, experimentar su cultura y aprender sus historias no tiene paralelo. Usted puede comer su cocina local y aprender un nuevo idioma. Incluso puede viajar a la siguiente ciudad y tomar fotos de hermosas vistas en su camino hacia allí. Visite a un familiar y pase la noche con ellos. Guarda los recuerdos de tus viajes y expande tu mente. No es necesario viajar lejos, solo viajar a alguna parte.

2. Festivales

Los festivales traen gente apasionada y entusiasmada de todas partes para compartir una experiencia. Ir a festivales con tus amigos es una gran manera de vincularse y conocer gente nueva. Aunque te pierdas y te vayas al otro lado del recinto del festival, siempre hay una nueva experiencia esperándote. La mayoría de las personas que van a los festivales son personas que comparten las mismas pasiones que tú y conocerlas encenderá tu pasión con llamas aún más brillantes.

Los festivales están llenos de cultura, vida, música, arte y gente. Siempre hay algo que lo cautiva, sin importar cuáles sean tus intereses. Los festivales son eventos en los que puedes ser usted mismo y expresar su individualidad, sin importar lo raro que sea. Hay tantos tipos de festivales que puede disfrutar. Los festivales de música son, con mucho, los más comunes, pero también hay festivales literarios y culturales. ¡Pruébalas todas!

3. Una escapada de fin de semana con amigos

Usted puede planearlo. Todo lo que tiene que hacer es elegir un lugar y viajar allí con tus amigos. Lo principal aquí no es el destino, sino el viaje en sí. Llegar a su destino también será divertido, pero no hay nada como reunirse con amigos y la risa que compartes en el camino. Ni siquiera tiene que pasar la noche, dondequiera que esté viajando. Puede ir allí por la mañana, pasar algún tiempo y estar de vuelta a la hora de la cena.

Por ejemplo, si tiene amigos entusiastas del arte, puede planear ir a un museo o a una exposición de arte. Disfrute su experiencia permitiéndole participar plenamente en el programa que tiene previsto. O puede ir de excursión con sus amigos e incluso acampar en el bosque, si usted prefiere el aire libre.

La belleza de realizar tales viajes es la incertidumbre que le espera. Nunca se sabe con quién o qué se encontrará, el humor que encontrará o las historias que se compartirán y crearán. Estas son las experiencias de las cuales la vida realmente está hecha. Un día, cuando recuerdes tu vida, esto es lo que recordarás

4. Aprende algo nuevo y emocionante

El proceso de introducir su mente a algo nuevo mejorará la calidad de su vida y refinará su mente. Sus niveles de confianza aumentarán una vez que tenga éxito con su proceso de aprendizaje. A medida que envejecemos, nuestras mentes se debilitan porque ya no nos acercamos a nuevas actividades o desafíos con el mismo entusiasmo de nuestros años de juventud. Esto se debe a que nos sentimos más cansados y menos motivados, no porque seamos menos capaces. La mente siempre está en busca de cosas nuevas en las que profundizar. Si sigues alimentándolo con la rutina o con la misma información de siempre que ya conoces, se debilita cada vez más y pierde su capacidad de estirarse hacia afuera.

También es increíblemente divertido aprender cosas nuevas. No lo vea como una actividad en la que usted es "malo", sino como una actividad de la que puede aprender, que puede mostrar un lado completamente nuevo del mundo. Tantas posibilidades se abren cuando decide agarrar el toro por los cuernos y aprender algo emocionante. El proceso de descubrimiento está lleno de mucha emoción. También puede ser inesperadamente gratificante; puede descubrir que sus nuevas habilidades abren puertas a una promoción o una nueva vocación por completo.

Las experiencias que hacen de los regalos mucho mejores que las "cosas"

Estamos tan apegados a la expectativa de aparecer con un objeto material en la mano, envuelto y atado con cinta, listo para ser abierto. El mundo nos ha dado la idea de que esto es lo que tenemos que hacer para celebrar a alguien. Necesitamos una representación física de nuestra alegría, nuestro espíritu de celebración. Es hora de cambiar este enfoque. Hay muchas experiencias que podemos regalar a nuestros seres queridos que son mucho más divertidas o especiales que un objeto material. Puede que incluso les guste mucho más. Piense en el desorden en su hogar, ese montón de cosas que consisten en malos regalos que no puede tirar. ¡No lo agregue a la pila de desorden de otra persona! Considere regalar estas experiencias:

1. **Clases de cocina**

Las clases de cocina no solo te enseñan habilidades valiosas, ¡también son increíblemente divertidas! ¿Cocinar sin tener que limpiar después? ¡Sí, por favor! Hay clases que enseñan una variedad de cocinas diferentes. Para algo divertido, hornear postres siempre es una buena opción. Busque en línea para encontrar clases en su área.

2. Un Día de Spa o Masaje en Hogar

¿Por qué comprarle a alguien una botella de loción o aceite con fragancia cuando puede comprarle la experiencia de alguien que realmente lo usa con ellos? Es un mejor regalo, si me lo preguntas. Compre una tarjeta de regalo para un spa local o haga arreglos para que una masajista vaya a su hogar. A todo el mundo le encanta sentirse mimado.

3. Una entrada para un concierto

Para quien sea que esté comprando un regalo definitivamente tiene un músico o artista favorito. Vea si este cantante o banda está de gira en su ciudad por unos días. Muchas veces las personas pierden esta oportunidad porque nunca piensan verificar si su artista favorito está de gira. Incluso si no son absolutamente favoritos, algo similar también será divertido.

4. Una tarjeta de regalo de restaurante

Muchos restaurantes fabulosos ofrecen tarjetas de regalo para este propósito exacto. Invite a alguien que conozca a una cena fantástica. Todos disfrutan de una comida fantástica, especialmente cuando no están pagando por ella. Este regalo no creará desorden y llenará sus estómagos.

5. Entradas para una obra teatral o musical

Lo maravilloso de este regalo es que todo el mundo disfruta del teatro, pero la gente rara vez se compra entradas. Sin embargo, una vez que estás allí, te dejas llevar por la fascinante experiencia que es. Siempre lo disfrutas más de lo que crees que lo harás. Regale a alguien esta experiencia porque seguro que la pasará muy bien.

6. Clases de Yoga

Muchos estudios o instructores de yoga ofrecen un número fijo de clases a un precio de descuento. Considere la posibilidad de tratar a alguien que usted conoce con yoga nutritivo para el cuerpo, especialmente si piensa que el ejercicio lo beneficiará. Cuando alguien nos compra un regalo, sentimos que tenemos que hacer un buen uso de él o lo harán mal. ¡Aproveche esto para algo que realmente beneficiará a su amigo o pariente!

7. Piedra Rosetta

Una de las mejores maneras de aprender un nuevo idioma es con el programa Rosetta Stone. Si usted sabe que su amigo o pariente tiene un fascinante con una cultura o país en particular, regálele la experiencia de aprender el idioma de ese lugar. La gente rara vez piensa en hacer esto, pero una vez que se les da la oportunidad, están agradecidos por ello.

8. Programas de membresía

Esto puede sonar confuso, pero eso es solo por lo mucho que hay para elegir. Cuando usted le regala a alguien un programa de membresía, está expandiendo su estilo de vida. Consígueles una membresía de gimnasio o museo. O quizás, un pase anual a su parque nacional o parque de atracciones favorito. La mayoría de estos lugares le permiten comprar un pase anual. Una cosa es segura: a todos les encantará este regalo.

9. Cuidados de niñera gratis

¿Conoces a alguien con hijos de los que necesitan desesperadamente un descanso? Ofrézcales sesiones gratuitas de cuidado de niños. Usted podría escribir esto en una tarjeta o en un pedazo de papel y hacer que parezca un boleto oficial. Comprométase a cualquier número de sesiones que usted crea que puede manejar, por ejemplo, dos o tres sesiones le ayudarán mucho, pero también evitarán que se sienta abrumado. Es un regalo poco convencional, pero cualquier padre cansado lo apreciará profundamente.

10. Una estadía de relajación

¡¿Por qué no?! Si conoce a alguien que necesita tomarse un tiempo para relajarse y sentirse mimado, pague por una noche en un hotel local. Idealmente, debería estar en un lugar cómodo y hermoso. Debería estar en un lugar donde disfruten más que en hogar. Cuando salimos de nuestro espacio, nos sentimos más relajados. Estoy seguro de que uno de tus amigos necesita esto. ¡Considere regalar una experiencia de relajación!

CONCLUSIÓN

¡Felicitaciones por terminar este libro! Sé que las ideas y la información que les he presentado les han inspirado a comenzar el proceso de desbarajuste de su hogar. El mensaje del minimalismo no se predica a menudo, pero debería serlo. ¿No estás de acuerdo? Vivimos en un mundo consumista, y algunas personas incluso desaprueban el minimalismo; no permitas que sus actitudes te influyan. Proteja su mentalidad minimalista a toda costa. No permita que las cosas que ha aprendido a lo largo de este libro se le olviden. Una vez que termine este libro, es posible que se encuentre con un anuncio que le diga que compre un nuevo producto ahora mismo. Antes de considerar hacer esta compra, recuerde que estas compañías realmente no se preocupan por usted. Solo quieren vender su producto, y le dirán lo que sea para que eso suceda. Usted es la vaca que están tratando de ordeñar.

El viaje del minimalismo nunca es fácil. Te encontrarás con gente que te detesta o incluso te desprecia por vivir bajo una filosofía diferente. Lo hacen por su propia ignorancia. Y hay poco que puedes hacer al respecto, especialmente cuando no están dispuestos a escucharte. Es algo natural. Nosotros, los humanos, siempre condenamos rápidamente las cosas que no entendemos. La gente sacará conclusiones precipitadas y sugerirá que no eres materialista simplemente porque no tienes éxito. Por supuesto, tú y yo sabemos que ese no es el caso. Por ahora, usted ha llegado a una comprensión completa de cómo nuestra calidad de vida no está determinada por cuánto poseemos. De hecho, el desorden y el exceso pueden obstaculizar nuestro progreso emocional, mental o profesional - las cosas reales que contribuyen a nuestra calidad de vida.

Como dije en los capítulos anteriores, encuentra a tu tribu, la gente que comparte tus metas minimalistas contigo. En los últimos años la conversación sobre el minimalismo y la decadencia ha aumentado exponencialmente. Únase a la conversación en los medios sociales y alimente su viaje. Necesitarás todo el aliento que puedas obtener. Ciertamente te encontrarás con gente que ha luchado con las cosas con las que estás luchando ahora. Ellos le ayudarán con cualquier pregunta que pueda tener, especialmente ahora que nuestro viaje en este libro ha llegado a su fin.

Los beneficios del minimalismo son numerosos, como he dicho antes: libertad del desorden, seguridad financiera y, sobre todo, tranquilidad. Esta libertad le permite perseguir experiencias con un significado más profundo y una mayor relevancia para sus objetivos. Se descubrirás a usted mismo por lo que realmente es y no por lo que posee. Su confianza verá un gran impulso porque ya no depende de sus posesiones y propiedades para determinar su valor.

Ahora depende de usted. Hemos pasado por todas las facetas más importantes del minimalismo: los principales hábitos, los principios, los procedimientos de decodificación, los consejos para reducir el decodificador mental, emocional y digital, y mucho más. Ahora depende de usted seguir practicando y construyendo tus grandes hábitos minimalistas hasta que te lleguen de forma natural. La disciplina y la consistencia son los factores más importantes en la práctica del minimalismo. Nunca lo suelte. Manténgase alerta de los monstruos del desorden y mátelos de hambre antes de que se conviertan en una gran amenaza. ¡Le deseo suerte en su viaje minimalista!

www.ingramcontent.com/pod-product-compliance
Lightning Source LLC
Chambersburg PA
CBHW022011120526
44592CB00034B/786